LINDER BIOLOGIE

Mecklenburg-Vorpommern

7/8

Lösungsheft

Schroedel

Linder Biologie 7/8
Mecklenburg-Vorpommern
Lösungsheft

Bearbeitet von
Antje Starke, Leipzig

In Teilen ist dieses Werk eine Bearbeitung
von Erlebnis Biologie, Lösungen Lehrermaterial, 978-3-507-77012-0,
bearbeitet von Dr. Michael Kampf, Mike Leupold, Antje Starke
von Erlebnis Biologie, Lösungen Arbeitsheft 7, 978-3-507-77038-6,
hrsg. und bearbeitet von Antje Starke
von Erlebnis Biologie, Lösungen Arbeitsheft 8, 978-3-507-77039-3,
hrsg. und bearbeitet von Antje Starke
von Erlebnis Biologie, Lösungen Lehrermaterial, 978-3-507-77043-0,
bearbeitet von Dr. Michael Kampf, Mike Leupold, Antje Starke
von Erlebnis Biologie, Lösungen Lehrermaterial, 978-3-507-77045-4,
bearbeitet von Dr. Michael Kampf, Mike Leupold, Antje Starke
von Netzwerk Biologie, Lösungen Arbeitsheft 7–10, 978-3-507-86472-6,
hrsg. von Antje Starke
von Netzwerk Biologie, Lösungen Arbeitsheft 7–10, 978-3-507-86487-8,
hrsg. von Antje Starke
von Netzwerk Biologie, Lösungen Arbeitsheft 5/6, 978-3-507-86519-8,
bearbeitet von Claudia Polzin, Dr. Michael Kampf, Antje Starke
von Netzwerk Biologie, Lösungen Arbeitsheft 7/8, 978-3-507-86522-8,
bearbeitet von Claudia Polzin, Dr. Michael Kampf, Antje Starke
von Netzwerk Biologie, Arbeitsheft 9/10, 978-3-507-86525-9,
bearbeitet von Claudia Polzin, Dr. Michael Kampf, Antje Starke

Westermann Schroedel Diesterweg Schöningh Winklers GmbH, Braunschweig
www.schroedel.de

Druck A[1] / Jahr 2009
Alle Drucke der Serie A sind im Unterricht parallel verwendbar.

Redaktion: Marcel Tiffert
Illustrationen: Liselotte Lüddecke, Tom Menzel
Bildquellen: Umschlag: Phototake/Mauritius, Mittenwald; 15.1: NAS/Okapia, Frankfurt; 15.2 u. 15.3: eye of science/ Meckes/Ottawa, Reutlingen; 38.1: Minkus, Isernhagen
Umschlaggestaltung: Jansen Kahlert Design & Kommunikation GmbH
Satz: Satzteam Bleifrei, Hildesheim
Druck und Bindung: westermann druck GmbH, Braunschweig

ISBN 978-3-507-**86567**-9

Inhalt

Arbeitsblatt | Unsere Nahrung

1 Ergänze.

Nahrung setzt sich zusammen aus

Nährstoffen | Ergänzungsstoffen

Unser Körper gewinnt hieraus **Energie** für alle Lebensvorgänge und Baustoffe. Dazu gehören:

① Kohlenhydrate

② **Fette**

③ **Eiweiße**

Sie sind unerlässlich für verschiedenartigste Funktionen im Körper.

④ **Ballaststoffe**

⑤ **Vitamine**

⑥ **Mineralstoffe**

2 Viele Lebensmittel sind reich an einem bestimmten Bestandteil. Kennzeichne die Produkte mit der entsprechenden Ziffer aus Aufgabe 1.

3 Erläutere die Rolle des Wassers im Körper.

Lösungsmittel, Quellungsmittel, Transportmittel für den Stoffwechsel

Reaktionspartner für chemische Reaktionen

4 Wie viel Wasser braucht dein Körper an einem Tag? **ungefähr zwei Liter**

5 Nenne geeignete Getränke, um diesen Bedarf zu decken. Begründe deine Auswahl.

Mineralwasser, Fruchtschorle, ungesüßter Tee; andere Getränke, z. B. gesüßter Tee, Cola oder Limonade enthalten überflüssige Zuckerzusätze

Pinnwand — Vitamine und Mineralstoffe

1 Informiere dich auf den Pinnzetteln über Vitamine. Stelle drei Beispiele in der Klasse vor.

Der Mensch braucht Vitamine und Mineralstoffe in unterschiedlichen Mengenverhältnissen. Besonders hoch ist zum Beispiel der Vitamin-C-Bedarf mit 75 mg pro Tag. Dieses Vitamin findet man zum Beispiel in verschiedenen Früchten wie Johannisbeeren, Kiwi und Paprika. Vitamine haben verschiedene Wirkungen. Vitamin B ist an bestimmten Stoffwechselvorgängen beteiligt. Vitamin C fördert dagegen das Immunsystem. Viele Vitamine gehen bei der Zubereitung wie dem Kochen verloren. Man sollte also Obst und Gemüse in ausreichenden Mengen roh verzehren. Mineralstoffe braucht der Mensch ebenfalls. Das Eisen zum Beispiel zur Bildung des roten Blutfarbstoffes. Besonders eisenhaltige Lebensmittel sind Linsen und Leber. Spinat hat unter den pflanzlichen Produkten nicht den höchsten Eisengehalt, obwohl Schüler das häufig vermuten.

2 Gib mit Hilfe der Inhaltsangaben in der Tabelle unten Folgendes an:

a) den Vitamin-A-reichsten Saft

Karottensaft

c) ein Calcium-reiches Getränk

Kuhmilch

b) drei Lebensmittel mit hohem Vitamin-C-Gehalt

Azerola, schwarze Johannisbeeren, Paprika und Kiwi

d) zwei Lebensmittel, die viel Eisen enthalten

Leber und Linsen

3 Notiere zu den vier angegebenen Mineralstoffen die Bedeutung für den menschlichen Körper. Arbeite mit deinem Lehrbuch.

Calcium ist ein Mineralstoff, den der Mensch zum Aufbau seiner Knochen und Zähne braucht. Bei einem Mangel kommt es zu einer unzureichenden Skelettverknöcherung. Auch der Muskel muss mit Calcium versorgt werden. Phosphor wird im Körper in Form von Phosphaten benötigt. Dieser Mineralstoff ist ebenfalls zum Knochen- und Zahnaufbau nötig. Er spielt außerdem eine große Rolle bei der Aktivierung von Stoffen im menschlichen Stoffwechsel. Eisen ist Bestandteil des roten Blutfarbstoffes Hämoglobin. Ein Mangel an diesem Mineralstoff führt deshalb zu einem schlechteren Sauerstofftransport. Außerdem steigt das Infektionsrisiko und der Betroffene sieht blass aus und fühlt sich müde. Iod ist Bestandteil des Schilddrüsenhormons Thyroxin. Es ist verantwortlich für die Steuerung von Stoffwechselprozessen im Körper. Ein Mangel kann zu Müdigkeit, Konzentrationsmangel und manchmal auch zur Kropfbildung führen.

Methode — Mind-Map und Concept-Map

1 Erstelle eine Mind-Map zum Thema „Nahrung des Menschen".

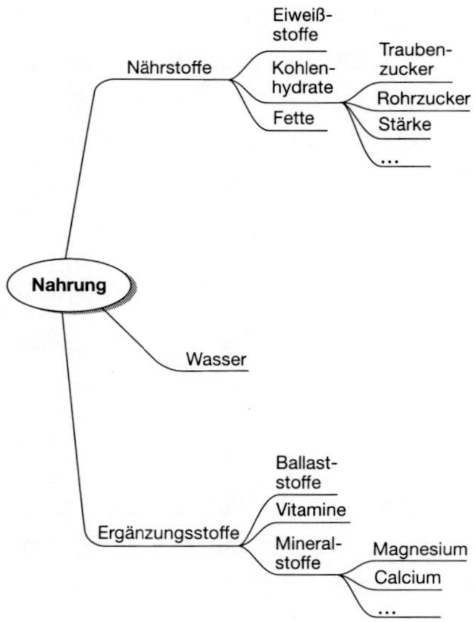

2 Versuche mit der in M3 abgebildeten Concept-Map, den Bau und die Funktion einer menschlichen Zelle zu erklären.

Die menschliche Zelle ist von einer Zellmembran umgeben. Sie besteht aus einem Zellplasma, in dem der Zellkern und die Mitochondrien eingelagert sind. Der Zellkern enthält das Erbmaterial und steuert und regelt alle Lebensvorgänge der Zelle. Zu diesen zählen Zellteilung und Stoffwechsel. Menschliche Zellen dienen zum Beispiel dem Abschluss, der Verdauung oder der Produktion bestimmter Stoffe. Andere ermöglichen Bewegungen und Transportvorgänge im Körper des Menschen.

Übung – Beim Ernährungsberater

1 Analysiere mit Hilfe des Analyseplans das Ernährungsverhalten des jungen Mannes. Nutze entsprechende Nährwerttabellen, die du im Schulbuch, in Kochbüchern, auf Verpackungen von Lebensmitteln etc. findest.
Achte dabei auf folgende Aspekte:
- Energiebedarf, Energieaufnahme
- Eiweiß-, Fett-, Kohlenhydratzufuhr
- Anzahl der täglichen Mahlzeiten
- Ballaststoffe
- berufliche Tätigkeit
- medizinische Risiken

Folgende Aspekte könnten eine Rolle spielen:
– nur drei Mahlzeiten am Tag, dafür sehr reichliche
– Energieaufnahme größer als Energiebedarf
– vor allem sitzende Tätigkeit, deshalb kaum Energieverbrauch
– Essen generell zu fettreich
– es werden zu viele Kohlenhydrate, z. B. Zucker aufgenommen
– Mangel an Vitaminen und Ballaststoffen
– Gefahr der Herz- und Kreislauferkrankungen, wahrscheinlich schon Bluthochdruck vorhanden
– eventuell auch Altersdiabetes möglich

2 Erstelle einen Ernährungsplan für drei Tage, der langfristig zu einer Gewichtsreduzierung bei dem jungen Mann führt.

Hier werden individuelle Lösungen der Schülerinnen und Schüler erwartet.

3 Sprich in einem Rollenspiel mit dem jungen Mann über sein Essverhalten. Nutze dazu die Methode auf Seite 46 in diesem Arbeitsheft.

Hier werden individuelle Lösungen der Schülerinnen und Schüler erwartet.

Arbeitsblatt – Aufbau des Verdauungssystems

1 Ordne den Ziffern in M1 die entsprechenden Begriffe zu. Wende auf die Teile ⑨ und ⑩ das Struktur-Funktions-Konzept an. Nutze dazu das Lehrbuch.

① Mundhöhle
② Zunge
③ Speicheldrüsen
④ Luftröhre
⑤ Leber
⑥ Rachenraum
⑦ Kehldeckel
⑧ Speiseröhre
⑨ Magen
⑩ Gallenblase
⑪ Zwölffingerdarm
⑫ Dünndarm
⑬ Bauchspeicheldrüse
⑭ Dickdarm
⑮ After

Der Magen ist ein hohles, schlauchförmiges Organ. Es nimmt den Nahrungsbrei von der Speiseröhre auf. Die Magenwand besteht aus verschiedenen Gewebeschichten. Hier produzieren zum Beispiel bestimmte Zellen die Magensäure (Salzsäure). Durch sie werden Bakterien abgetötet und das Eiweiß gerinnt. Außerdem produzieren andere Zellen die Verdauungsenzyme. Pepsin spaltet dabei Proteine. Die Magenschleimhaut schützt den Magen vor einer Selbstverdauung. So sind immer bestimmte Strukturen für bestimmte Funktionen verantwortlich.
Die Leber produziert die Gallenflüssigkeit. In einem speziellen Hohlorgan, der Gallenblase, kann diese gespeichert werden. Bei Bedarf wird der Gallensaft über den Gallen-Leber-Gang in den Speisebrei abgegeben und unterstützt dort den Verdauungsvorgang.

2 Beim Aufbau des Dünndarms spricht man auch vom „Prinzip der Oberflächenvergrößerung“. Erläutere mit Hilfe von M2.

Der Dünndarm wird durch Arterien und Venen reich durchblutet. Im Dünndarm ist die Nahrung so weit abgebaut, dass die Einzelbestandteile durch die Dünndarmwand in die Blutgefäße aufgenommen oder resorbiert werden können. Deshalb ist die Innenwand des Dünndarms nicht glatt, sondern sie besteht aus einer Vielzahl kleiner Erhebungen, den Dünndarmzotten. In jeder Zotte befinden sich arterielle und venöse Blutgefäße sowie Lymphgefäße. Die Nährstoffbausteine können nun über die stark vergrößerte Oberfläche leichter in das Blutgefäßsystem oder das Lymphsystem gelangen.

Arbeitsblatt – Nährstoffe werden verdaut

1 Die folgenden schematischen Abbildungen zeigen die Verdauung der Nährstoffe:
A Kohlenhydrate, **B** Proteine, **C** Fette.
Beschreibe die Verdauung der Nährstoffe mit Hilfe der schematischen Abbildung. Arbeite in deinem Hefter.

Im Mund werden langkettige Kohlenhydratmoleküle wie Stärke mithilfe des im Speichel enthaltenen Enzyms Amylase gespalten. Dabei entsteht der Zweifachzucker Maltose auch Malzzucker genannt.
Dieser Prozess wird im Zwölffingerdarm fortgesetzt. Hier spaltet das Enzym Maltase die Zweifachzuckermoleküle. Es entstehen Traubenzuckermoleküle (Einfachzucker).
Da der Zwölffingerdarm sehr kurz ist, läuft dieser Prozess auch noch im Dünndarm ab.
Der Traubenzucker wird über die Dünndarmwand in die Blutgefäße übernommen.
Eiweißmoleküle (Proteine) werden im Magen unter Einwirkung von Salzsäure und Pepsin abgebaut. Dabei entstehen kurze Aminosäureketten. Der weitere Abbau erfolgt im Zwölffingerdarm. Hier spaltet das Enzym Trypsin die kurzen Ketten in einzelne Aminosäuren. Sie werden ebenfalls im Dünndarm resorbiert.
Als Letztes wird der Fettabbau dargestellt. Fette werden zuerst durch die Gallenflüssigkeit emulgiert. Im Zwölffinger- und Dünndarm werden die Fette durch Lipasen gespalten. Es entstehen Glycerin und Fettsäuren. Die Spaltprodukte der Fette werden über die Dünndarmwand in die Lymphgefäße aufgenommen.

2 Gib die Enzyme des menschlichen Verdauungskanals an. Lege dazu im Hefter folgende Tabelle an:

Enzym	Bildungsort	Wirkungsort	Leistung
Amylase	Speicheldrüse im Mund	Mundhöhle	Abbau von Stärke
Maltase	Bauchspeicheldrüse	Zwölffinger- und Dünndarm	Abbau von Malzzucker zu Traubenzucker
Pepsin	Magenschleimhaut	Magen	Abbau von Proteinen
Trypsin	Bauchspeicheldrüse	Zwölffinger- und Dünndarm	Abbau kurzer Aminosäureketten zu einzelnen Aminosäuren
Lipasen	Bauchspeicheldrüse	Zwölffinger- und Dünndarm	Abbau von Fetten zu Glycerin und Fettsäuren

3 Erkläre den Begriff Resorption im Hefter.

Resorption ist die Aufnahme gelöster Grundbausteine der Nahrung durch die Zellen der Darmwand in das Blut oder die Lymphe.

Arbeitsblatt – Atmungsorgane

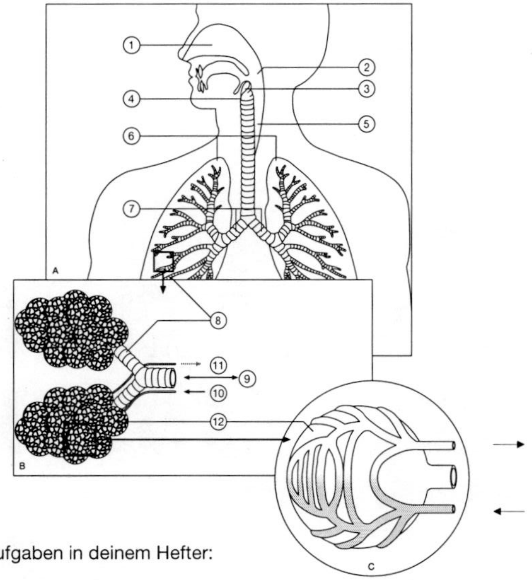

Beantworte folgende Aufgaben in deinem Hefter:

1 Ordne den Ziffern ① bis ⑫ die entsprechenden Begriffe zu.

1 Nasenraum; 2 Rachenraum; 3 Kehldeckel; 4 Luftröhre; 5 Speiseröhre; 6 Lungenflügel; 7 Bronchien; 8 Bronchienast, 9 Atemluft, 10 Kohlenstoffdioxid reiches Blut; 11 Sauerstoff reiches Blut; 12 Lungenbläschen.

2 Kennzeichne in Teilabbildung C den Weg des Blutes mit Pfeilen und begründe, warum ein Teil der Blutgefäße hell, der andere Teil dunkel gezeichnet ist.

unteres Blutgefäß: Blut fließt zum Lungenbläschen hin; oberes Blutgefäß: Blut fließt vom Lungenbläschen weg. Der Farbwechsel zeigt den Gasaustausch; dunkel (blau) bedeutet Kohlenstoffdioxid reich und Sauerstoff arm; hell (rot) bedeutet Sauerstoff reich und Kohlenstoffdioxid arm.

3 Begründe, weshalb die kugeligen Gebilde in Teilabbildung B in so großer Zahl vorhanden sind.

Durch die Vielzahl der Lungenbläschen erfolgt eine sehr starke Oberflächenvergrößerung; je größer die innere Oberfläche der Lungenbläschen, desto größer ist der Gasaustausch. Auch hier lässt sich das Struktur-Funktions-Konzept anwenden.

Methode | Arbeiten mit Modellen

1 Ordne die Modelle in M2 nach Struktur- und Funktionsmodellen. Gib an, was jeweils dargestellt wird. Nutze dazu auch M1.

Zellmodell und Modell der Saurier sind Strukturmodelle. Beim Zellmodell ist der räumliche Aufbau einer Pflanzenzelle stark vereinfacht dargestellt. Man erkennt den Zellkern, die Zellmembran, die Vakuole und Chloroplasten. Außerdem ist die Zellwand als äußere Begrenzung vorhanden. Bei den Sauriern sind nur der äußere Aufbau und die Form zu erkennen. Die Größenverhältnisse sind dabei exakt dargestellt.

Das Modell des Scharniergelenks ist ein Funktionsmodell. Mit ihm lässt sich nachvollziehen, wie dieser Gelenktyp, der zum Beispiel beim menschlichen Ellenbogen vorkommt, funktioniert.

2 Ordne den Ziffern in M3 die entsprechenden Begriffe zu. Suche nach Übereinstimmungen zwischen dem Modell in M4 und der Abbildung in M3. Erläutere die Aufgabe des Modells in M4.

① Nasenhöhle
② Rachenraum
③ Kehlkopf
④ Luftröhre
⑤ Bronchien
⑥ Lungenfell
⑦ Rippenfell
⑧ Lungenflügel
⑨ Zwerchfell

Das Glasrohr stellt die Luftröhre dar, die verzweigten Glasrohre die Bronchien. Die Plexiglasglocke verkörpert den Brustkorb, die beiden Luftballons den rechten und linken Lungenflügel. Der Innenraum ist der Spalt zwischen Lungenflügel und Brustkorb (Pneumothorax). Das Gummituch verkörpert das Zwerchfell.

Mit dem DONDERSCHEN Lungenmodell lässt sich die Zwerchfellatmung nachstellen. Zieht man das Gummituch nach unten, vergrößert sich der Brustraum, der Druck verringert sich und die Luftballons füllen sich mit Luft. Der Prozess des Einatmens wurde modellhaft nachgestellt. Beim Loslassen des Tuchs steigt der Druck in der Glocke und die Ballons verkleinern sich wieder (Ausatmen).

Arbeitsblatt | Mögliche Folgen des Rauchens

Erläutere mit Hilfe der Abbildungen die kurz- und langfristigen Folgen des Rauchens.

Ein Teil der roten Blutzellen wird beim Rauchen durch Kohlenstoffmonooxid blockiert. Sie fallen also für den Sauerstofftransport aus. Aus der Unterversorgung z. B. des Gehirns können sich u. a. Kopfschmerzen und Konzentrationsschwächen ergeben. Es handelt sich um Ursache – Wirkungsbeziehungen.

Nikotin löst neben einer Reihe von anderen Beschwerden, eine Kontraktion der Kapillargefäße aus. Dadurch wird die Blutversorgung der Gewebe und Organe beeinträchtigt.

Nikotin ist aber auch an den langfristigen Folgen des Rauchens beteiligt. Beim starken Raucher kann die dauernde Einwirkung von Nikotin zu Durchblutungsstörungen führen. Dies kann im Extremfall zu Herzinfarkt und Schlaganfall führen.

Andere Inhaltsstoffe können mit der Zeit das Selbstreinigungssystem (Flimmerepithel) der Atemwege lahmlegen. Raucherhusten tritt auf. Durch den andauernden Husten kann es zu einer Erweiterung und Überdehnung der Lungenbläschen (Lungenemphysem) kommen. Die Teerstoffe (Kondensate) können Lungenkrebs auslösen.

Methode: Arbeit mit Karikaturen

1 Wähle **eine** der abgebildeten Karikaturen in M3 aus und interpretiere und werte diese mit Hilfe der Hinweise unter M2.

Karikatur A gehört zum Themenkreis „Falsche Ernährung“. Der Karikaturist stellt einen Schüler dar, der lauter ungesunde Lebensmittel isst. Hinter dem Schüler stehen bereits die Gespenster, die ihm später bestimmte Krankheiten wie Herzinfarkt, Diabetes (Zuckerkrankheit) oder Karies bringen können. Passend dazu tragen sie bestimmte Werkzeuge wie die Bohrmaschine für die Löcher in den Zähnen. Einige Krankheiten können tödlich sein, wie die Wahl der Waffen (Revolver, Dolch) zeigt.
Der Zeichner warnt vor falscher Ernährung und erinnert daran, dass später Folgen wie Übergewicht, Verstopfung, Gallensteine sowie Bluthochdruck, Diabetes, Gicht und Arteriosklerose auftreten können. Durch die erhöhte Nährstoffzufuhr und die fehlenden Mineral- und Ballaststoffe kann es zu krankhaften Veränderungen kommen. So führt Übergewicht zum Beispiel oft zu Bluthochdruck. Durch die erhöhte Beanspruchung der Blutgefäße wird auch das Herz stärker beansprucht. Ablagerungen von fettähnlichen Stoffen lassen die Arterien „verkalken“, sie setzen sich zu. So wird der Blutfluss weiter erschwert. Lösen sich Gerinnsel, kann es in den Herzkranzgefäßen zu einer Verstopfung kommen. Durch die Mangelversorgung mit Sauerstoff kommt es zum Absterben eines Teils des Herzmuskels – ein Herzinfarkt tritt auf. So hängen viele Folgeerkrankungen miteinander zusammen.

Das könnte ein Schüler empfinden: „Ich persönlich bevorzuge gesunde Pausenmahlzeiten mit viel Obst, Gemüse oder Jogurt. Gelegentlich ist sicher nichts gegen Cola oder mal eine Süßigkeit zu sagen, aber nicht dauernd und schon gar nicht als Ersatz für eine ordentliche Mahlzeit. Zum Durstlöschen in der Schule eignen sich viel besser Wasser oder Saftschorlen.“

Karikatur B beschäftigt sich mit dem Thema „Rauchen“. Man sieht einen Jungen, der anhand eines Blumenorakels entscheiden möchte, ob er rauchen soll oder nicht. Zu seinen Füßen türmt sich schon ein Berg mit abgezupften Blütenteilen. Dass es sich um einen Schüler handelt, erkennt man an der lässigen Kleidung mit T-Shirt und Turnschuhen. Der Zeichner nimmt die wahrscheinlich nicht vorhandene Entscheidungsfreudigkeit und den wankenden Charakter des Jungen aufs Korn. Der Junge kann sich selbst nicht entscheiden, obwohl er sicher weiß, dass Nichtrauchen gesünder wäre, deshalb auch der Berg bereits abgezupfter Blüten. Die Entscheidung zu rauchen oder nicht zu rauchen, fällt zum Teil schon in der fünften und sechsten Klasse. Einige probieren es mal, andere sind stark genug und widerstehen dem Gruppenzwang, sie sagen „Nein“.

Das könnte ein Schüler empfinden: „Ich finde die Entscheidung schwierig und denke deshalb, dass die Karikatur gut gelungen ist. Auch wenn es sicher übertrieben ist, die ganzen Blüten abzuzupfen. Aber das immer wieder auftretende Schwanken wird gut damit dargestellt.“

2 Suche eine weitere Karikatur zu einem biologischen Inhalt und interpretiere diese ebenfalls. Stelle dein Beispiel in der Klasse vor.

Je nach Schülerbeispiel.

Pinnwand: Die Bestandteile des Blutes

Ergänze die Pinnzettel zu den einzelnen Blutbestandteilen.

Weiße Blutzellen

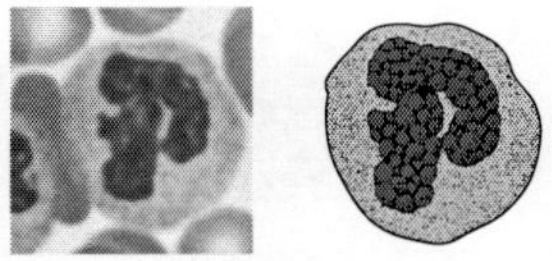

Bau: **große Zellen mit Kern; farblos; Durchmesser 8 bis 20 Mikrometer**

Lebensdauer: **2 Tage bis viele Jahre**

Aufgaben: **Abwehr und Beseitigung von Krankheitserregern, stellen zum Teil Antikörper her**

Blutplättchen

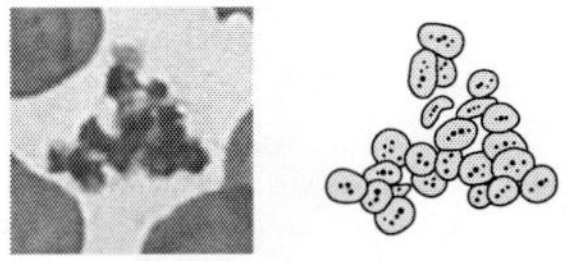

Bau: **Zellbruchstücke von 1 bis 4 Mikrometern Durchmesser**

Lebensdauer: **5 bis 11 Tage**

Aufgaben: **sorgen gemeinsam mit anderen Stoffen für die Blutgerinnung**

Rote Blutzellen

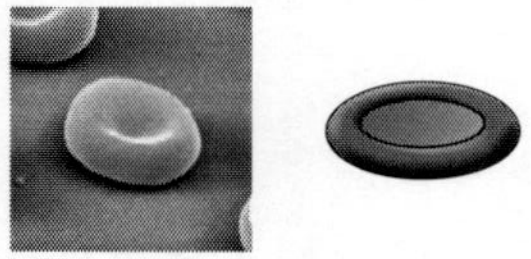

Bau: **runde, scheibenförmige Zellen ohne Zellkern; enthalten Hämoglobin**

Lebensdauer: **100 bis 140 Tage**

Aufgaben: **Transport von Sauerstoff, zum Teil von Kohlenstoffdioxid**

Blutplasma

Bestandteile: **Wasser, Fette, Eiweißstoffe, Kohlenhydrate, Enzyme, Hormone, Vitamine, Fibrinogen**

Aufgaben: **Transport von gelösten Stoffen, ermöglicht die Blutgerinnung, Wärmetransport**

Arbeitsblatt | Das Herz

1 Beschreibe die Lage des Herzens im menschlichen Körper.

Das Herz liegt etwas links von der Körpermitte. Die Spitze zeigt nach links unten. Es wird vom Herzbeutel und den Rippen geschützt.

2 Die Abbildungen zeigen das Herz von außen und einen Längsschnitt. Benenne alle Teile des Herzens.

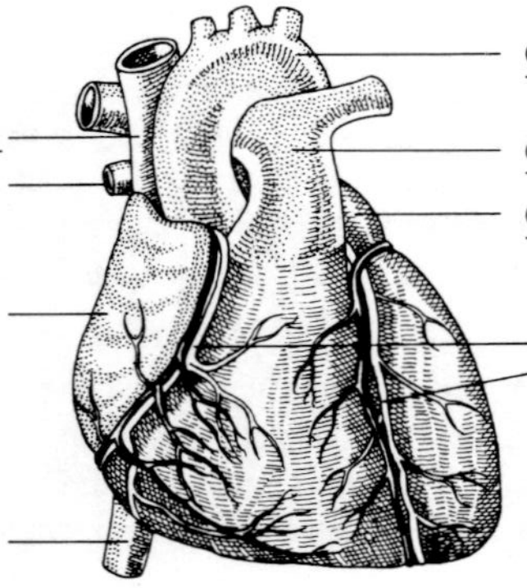

① **obere Hohlvene**
② **Lungenvene**
③ **rechter Vorhof**
④ **untere Hohlvene**
⑤ **Aorta**
⑥ **Lungenarterie**
⑦ **linker Vorhof**
⑧ **Herzkranzgefäße**

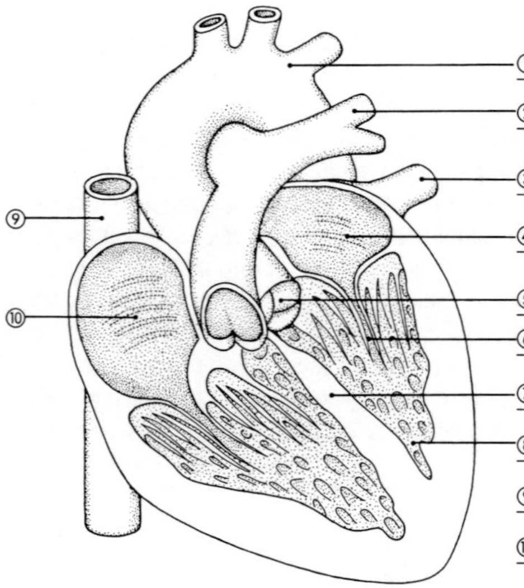

① **Aorta**
② **Lungenarterie**
③ **Lungenvene**
④ **linker Vorhof**
⑤ **Taschenklappe**
⑥ **Segelklappe**
⑦ **Herzscheidewand**
⑧ **linke Herzkammer**
⑨ **Hohlvene**
⑩ **rechter Vorhof**

Arbeitsblatt | Wie arbeitet unser Herz?

1 Beschreibe mit Hilfe der Abbildungen, wie ein gesundes menschliches Herz arbeitet. Notiere die Aussagen im Hefter.

Systole: **1) Herzkammern gefüllt; die Vorhöfe vergrößern sich und Blut strömt aus Hohlvenen und Lungenvenen ein; Taschenklappen und Segelklappen sind geschlossen. 2) Die Muskulatur der Herzkammern zieht sich zusammen; durch die geöffneten Taschenklappen wird das Blut von der rechten Kammer in die Lungenarterie und von der linken Kammer in die Aorta gedrückt; die Segelklappen sind geschlossen, sodass kein Blut in die Vorhöfe zurückfließen kann.**

Diastole: **3) Muskulatur der Herzkammern erschlafft; Vorhöfe beginnen sich zu kontrahieren. 4) Das Blut fließt aus den Vorhöfen durch die geöffneten Segelklappen in die Kammern; Taschenklappen geschlossen, sodass sich das Blut der Arterien hier staut und nicht in die Kammern zurückfließen kann.**

2 Was ist ein EKG?

- **Elektrokardiogramm**
- **zeichnet Ströme auf, die von Herzmuskelfasern ausgehen**
- **Arbeitsschritte haben typischen Ausschlag**
- **aus der Kurve ist ersichtlich, ob Störungen auftreten**

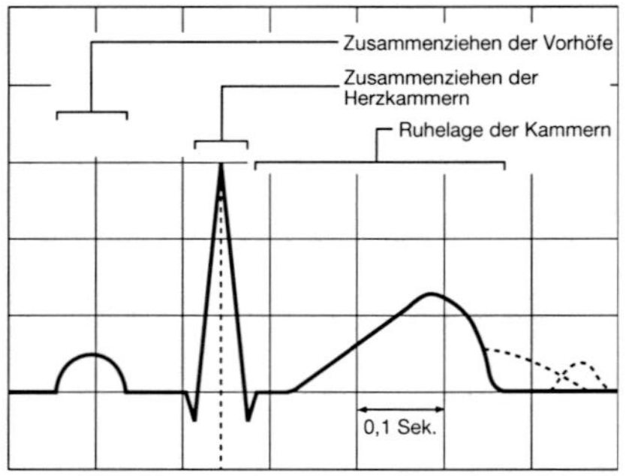

3 Informiere dich über den Herzinfarkt. Ergänze dann.

Ursachen: **Herzkranzgefäße verschlossen, Sauerstoffmangel im Herzmuskel**

Anzeichen: **Brustschmerzen, die in Schulter und Arm ausstrahlen, Druck- oder Engegefühl, unregelmäßiger Herzschlag, Übelkeit, kalter Schweiß**

Hilfe: **schnell handeln, Notarzt rufen**

Risikofaktoren: **ungesunde und zu fette Nahrung, ständiger Stress, hoher Blutdruck, Alkohol- und Tabakmissbrauch**

Arbeitsblatt – Unser Blut fließt im Kreis

1 Zeichne in das Schema ein: sauerstoffreiches Blut – rot,
sauerstoffarmes Blut – blau.

2 Benenne die Nummern ① bis ⑥.

① **linker Vorhof**
② **Aorta**
③ **Lunge**
④ **Leber**
⑤ **Vene**
⑥ **Kapillaren**

3 Ergänze den Lückentext.

Die rechte Herzkammer pumpt das Blut in den **Lungenkreislauf**. Es wird in der Lunge mit **Sauerstoff** angereichert und fließt über den **linken** Vorhof zurück in die **linke Herzkammer**.

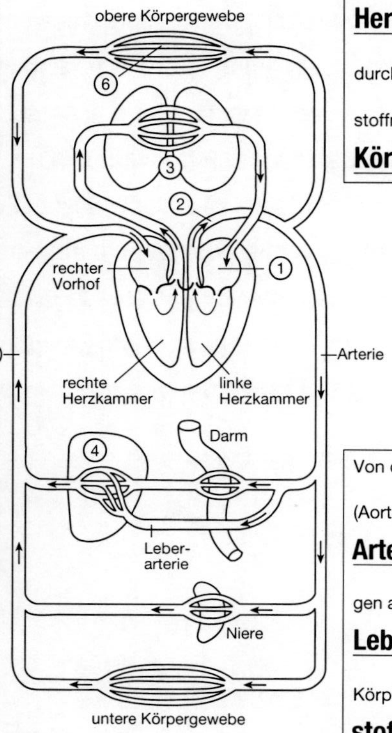

Aus der linken **Herzkammer** wird durch die **Aorta** sauerstoffreiches Blut in den **Körper**kreislauf gepumpt.

Über **Venen** gelangt das kohlenstoffdioxidreiche Blut zum **rechten** Vorhof und zur rechten **Herzkammer** zurück.

Von der Herzschlagader (Aorta) zweigen zahlreiche **Arterien** ab. Sie versorgen alle Organe wie **Darm**, **Leber** und **Niere** sowie Körpergewebe mit **sauerstoffreichem** Blut.

Die Sauerstoff**abgabe** und Kohlenstoffdioxidaufnahme erfolgen in einem Netz feiner dünnwandiger **Kapillaren**.

Arbeitsblatt – Zellstoffwechsel

1 Ergänze die fehlenden Begriffe in der Übersicht.

In jeder menschlichen Zelle laufen ununterbrochen hunderte chemische Reaktionen ab. Man bezeichnet sie in ihrer Gesamtheit als Zellstoffwechsel.
Tierische Zellen nehmen **Sauerstoff** und **organische** Stoffe in Form der Grundbausteine auf. Solche Grundbausteine sind zum Beispiel: **Aminosäuren, Einfachzucker wie Traubenzucker, Fettsäuren und Glycerin**.

Assimilation

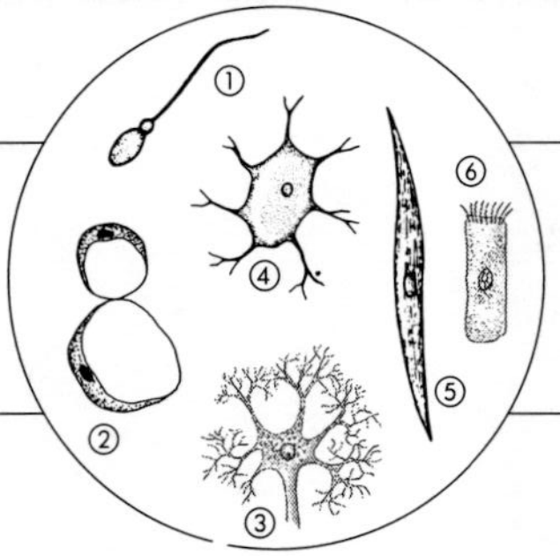

Dissimilation

Im Zellstoffwechsel laufen viele Reaktionen ab. Dabei werden Stoffe um- und aufgebaut. Es entstehen körpereigene, **organische** Stoffe wie **Eiweiße, Fette und Glykogen**.
Außerdem können einige Zelltypen besondere Stoffe synthetisieren. Solche Stoffe sind zum Beispiel **Farbstoffe (Melanin), Hormone und Enzyme**.

Bei einigen Reaktionen steht der Stoffabbau im Vordergrund. Die wichtigste abbauende Reaktion ist die **Zellatmung**.
Dabei reagieren **Traubenzucker (Glucose)** und **Sauerstoff** zu Kohlenstoffdioxid und Wasser. Die frei werdende Energie steht nun für weitere Prozesse bereit. Dazu zählen zum Beispiel **die Aufrechterhaltung der Körpertemperatur u. Bewegung**.

2 Benenne die verschiedenen Zellen des Menschen.

① **Spermium (Samenzelle)**
② **Fettzellen**
③ **Nervenzelle**
④ **Knochenzelle**
⑤ **Muskelzelle**
⑥ **Zelle der Nasenschleimhaut**

Arbeitsblatt | Bau und Funktion der Niere

1 Ordne den Ziffern in M1 die entsprechenden Begriffe zu.

① **Nierenrinde**
② **Nierenmark**
③ **Nierenbecken**
④ **Nierenarterie**
⑤ **Nierenvene**
⑥ **Harnleiter**

2 Erkläre mit Hilfe von M2 bis M4 die Bildung des Endharns. Gehe dabei auch auf den Bau und die Funktion des Nierenkörperchens ein.

Die Niere ist ein Organ, was sehr gut durchblutet ist. Täglich werden durch die Nierenarterie etwa 1000 Liter Blut durch die Niere geleitet. In der Nierenrinde liegen über eine Million kleinster doppelwandiger Nierenkörperchen. In sie hinein reicht ein Bündel feinster Kapillaren. Diese Kapillaren verengen sich, sodass es zum Stau des Blutes kommt. Der Blutdruck erhöht sich dadurch und Wasser und darin gelöste Stoffe werden aus dem Blut gepresst. Durch feinste Poren in der Wand der Nierenkörperchen gelangen diese Stoffe in die Nierenkanälchen. Neben Harnstoff werden so Kohlenhydrate, Mineralsalze und Blutplasma aus dem Blut entfernt. Nur für Eiweiße und Rote Blutkörperchen sind die Poren zu eng. Täglich bilden sich so bis zu 170 Liter Primärharn. Dieser wird nun durch die Nierenkanälchen geleitet. Diese sind von einem Netz aus Blutgefäßen umgeben, sodass hier dem Primärharn ein großer Teil des Wassers, Traubenzucker und Mineralsalze wieder entzogen werden. Aus den 170 Litern Primärharn entstehen so etwa 1,5 Liter Sekundärharn. In ihm sind alle Stoffe enthalten, die ausgeschieden werden sollen, da sie keinen Nutzen mehr für den Körper bringen oder ihm als Gifte sogar schaden könnten.

Übung | Systematisierung

1 Füge die folgenden Begriffe in das Schema ein.
Transport, körpereigene Stoffe, Lunge, Verdauungsorgane, Energiegewinnung, Wasser, Harnstoff, Kohlenstoffdioxid

aufgenommene Stoffe	Nährstoffe, Ergänzungsstoffe		Sauerstoff
	↓		↓
aufnehmende Organe	**Verdauungsorgane**		**Lunge**
	Verdauung ↓		↓
Transport	Blutkreislauf		
		↓	
	Stoffumwandlung in den Zellen		
	↓		↓
	körpereigene Stoffe		**Energiegewinnung**
		↓	
Transport	Blutkreislauf		
		↓	
	Abbauprodukte		
	↓	↓	↓
ausgeschiedene Stoffe	**Wasser**	**Kohlenstoffdioxid**	**Harnstoff**

2 Beschreibe in deinem Hefter anhand des Schemas das Zusammenwirken der Organe im Stoff- und Energiewechsel.

Nähr- und Ergänzungsstoffe werden von den Verdauungsorganen aufgenommen, verdaut und ins Blut überführt. Die Lunge nimmt Sauerstoff auf und gibt ihn an das Blut ab. Der Blutkreislauf transportiert verdaute Nährstoffe und Sauerstoff zu den Zellen. Dort werden körpereigene Stoffe aufgebaut und Energie gewonnen. Abbauprodukte (Wasser, Harnstoff, Kohlenstoffdioxid) werden durch das Blut abtransportiert und von Ausscheidungsorganen ausgeschieden.

3 Benenne die unten abgebildeten Ausscheidungsorgane des Menschen und ordne die betreffenden Ausscheidungsprodukte zu. Nutze dazu deinen Hefter.

Lunge:	**Niere:**	**Haut:**
Wasser	**Wasser**	**Wasser**
Kohlenstoffdioxid	**Harnstoff**	**Salze**
	Salze	

Arbeitsblatt — Sinnesorgane – Vermittler zur Umwelt

1 Kennzeichne mit einem Farbstift alle Umweltreize in M1, die wir wahrnehmen können.
Gekennzeichnet werden hörbarer Schall, sichtbares Licht, Geruchs- und Geschmacksstoffe, Berührungen, Schwerkraft, Kipp- und Drehbewegungen, Kälte und Wärme. Auch einige giftige Gase wären denkbar, aber nur wenn sie zum Beispiel einen typischen Eigengeruch haben. Farblose, geruchlose Gase wie Kohlenstoffmonooxid sind dagegen nicht wahrnehmbar.

2 Ordne den Sinnen in M2 die passenden Umweltreize und Sinnesorgane zu.
Sehsinn: sichtbares Licht (optischer Reiz), Auge
Gehör: hörbarer Schall (akustischer Reiz), Ohr
Geschmackssinn: Geschmacksstoffe (chemischer Reiz), Zunge
Geruchssinn: Geruchsstoffe (chemischer Reiz), Nase
Sinne der Haut:
Druck und Schmerz: Berührungen (mechanische und chemische Reize wie Säuren u.a.), Haut (Druckkörperchen, freie Nervenenden)
Wärme und Kälte: Temperatur (thermische Reize), Haut (freie Nervenenden)

3 „Vielfalt" ist ein Merkmal aller Lebewesen. Belege diese Aussage am Beispiel des Menschen und beziehe M1 und M2 ein.
Neben vielen Gemeinsamkeiten wie Körperbau, Anzahl der Knochen, Aufbau des Gebisses, Art der inneren Organe, ähnlichem Verhalten usw. zeigen Menschen auch individuelle Unterschiede. Zu diesen zählen zum Beispiel die Haut- und Haarfarbe, die Körpergröße und auch die Leistungsfähigkeit der einzelnen Sinnesorgane. So sind zwar alle Sinnesleistungen bei allen Menschen vorhanden, es gibt aber Unterschiede in der Ausprägung. So unterscheiden sich Geruchs- und Geschmackssinn individuell, aber auch beim Sehen (Schärfe, Farben, räumlich) weichen die Leistungen des einen vom anderen ab.

4 Erkläre an einem Beispiel aus M3 das biologische Prinzip der „Informationsverarbeitung".
Information ist die Übertragung von Signalen von einem Sender zu einem Empfänger. Diese Übertragung kann auf verschiedenen Ebenen stattfinden. In M3 sind zwei Ebenen angesprochen. Einmal ist eine Übertragung zwischen Lebewesen möglich und zum anderen eine Signalübertragung zwischen Lebewesen und Umwelt. Der Schäferhund kann zum Beispiel chemische Signale als Geruchsstoffe aus der Umwelt aufnehmen und erkennen. Dabei kann es sich um Geruchsstoffe von anderen Hunden handeln aber auch um Stoffe, die für den Menschen eine Bedeutung haben. So können zum Beispiel Verletzte oder Verschwundene mit Schäferhunden gesucht werden. Der Austausch solcher Informationen ist auch Grundlage für das Verhalten von Schäferhunden.

5 Finde zwei Gemeinsamkeiten und Unterschiede zwischen den Sinnesleistungen eines Menschen und eines Schäferhundes.
Gemeinsam ist, dass die verschiedenen Sinnesleistungen wie Hören, Riechen, Geschmackssinn oder Schmerzsinn vorhanden sind. Auch beim Hund gibt es für bestimmte Umweltreize wieder Rezeptoren, die diese aufnehmen. Unterschiedlich sind die einzelnen Leistungen. So sind Gehör und Geruch beim Hund viel stärker ausgebildet. Die Riechschleimhaut in der Nase ist zum Beispiel viel größer als beim Menschen.

Methode — Biologische Zeichnungen anfertigen

1 Benenne die abgebildeten Beispielzeichnungen in M3 und ergänze für die Zeichnungen die passende Beschriftung.
Zeichnung A: Adaptation: Auge im Hellen und im Dunkeln;
Zeichnung B: Längsschnitt des menschlichen Auges (Schema)

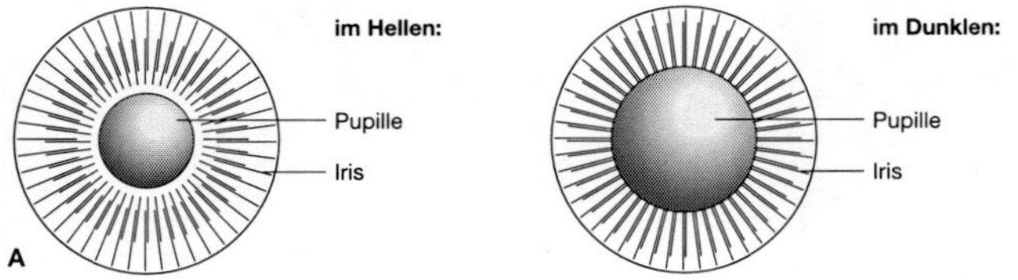

A

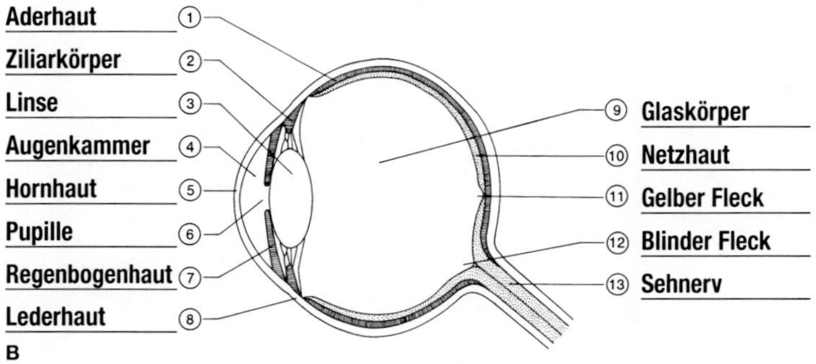

B

2 Erkläre den in Abbildung A gezeigten Vorgang.
Im Zentrum des Auges liegt ein kleines Loch, die Pupille. Sie wird von einem farbigen Ring, der Regenbogenhaut, auch Iris genannt, umgeben. Bei Dunkelheit weitet sich die Regenbogenhaut und damit die Pupille, um möglichst viel Licht einzufangen. Bei Helligkeit verkleinert sie sich, um die Netzhaut vor zu viel Lichteinfall zu schützen. So ist das Auge an unterschiedliche Lichtverhältnisse angepasst. Man nennt diesen Vorgang Adaptation.

3 Zeichne in das nebenstehende leere Kästchen das Auge eines Menschen mit seinen Schutzeinrichtungen. Betrachte dazu deinen Mitschüler/deine Mitschülerin genau. Nutze die Hinweise von M2. Beschrifte deine Zeichnung.

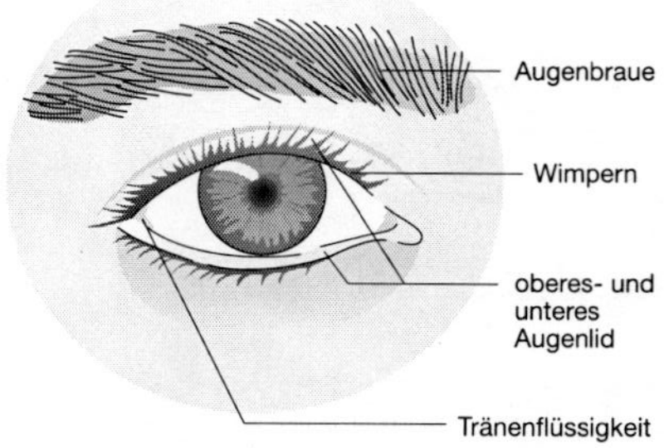

Arbeitsblatt – Bau des menschlichen Auges

1 Erläutere mit Hilfe der Materialien M1 bis M4 an zwei Teilen des Auges den Zusammenhang zwischen Struktur und Funktions.

Die Linse ist zweiseitig nach außen gewölbt, durchsichtig und hat eine Dicke von 4 bis 4,14 mm. Ihr Durchmesser beträgt etwa 9 mm. Die Linse kann durch diese Baumerkmale zwei Funktionen erfüllen: Sie sammelt und bricht die Lichtstrahlen. Außerdem ermöglicht sie Nah- und Fernsicht. Um diese Funktion erklären zu können, braucht man noch weitere Baumerkmale. Die Linse wird von feinen Fasern, den Zonulafasern, am Ziliarkörper aufgehängt. Durch diesen Muskel kann sich die Dicke der Linse verändern.

Der Muskel selbst wiederum kann seine Aufgabe nur erfüllen, weil er aus langgestreckten Zellen besteht, die sich zusammenziehen und wieder strecken können.

Ein weiteres Beispiel für den Zusammenhang von Bau und Funktion ist die Netzhaut. Wie M3 belegt, befinden sich hier die Sehzellen. Dabei sind insgesamt rund 132 Millionen Sehzellen vorhanden. Diese Schicht ist lichtempfindlich. So erregt das Licht die Sehzellen, die wiederum diese elektrische Erregung an die Schaltzellen weitergeben. Sie gelangen dann zu den Nervenfasern im Sehnerv. Nur so ist schließlich der Sehvorgang möglich.

2 Nutze M2 und M4, um folgende Aussage zu belegen: Das Zusammenspiel von Ziliarkörper und Linse ist ein Beispiel für die Angepasstheit des Auges.

Angepasstheit bedeutet, dass bauliche und funktionelle Merkmale auftreten, die ein Leben unter bestimmten Lebensbedingungen ermöglichen. Für den Menschen ist es wichtig, sowohl nahe als auch weit entfernte Dinge scharf sehen zu können. Dazu trägt das Zusammenspiel von Ziliarkörper (Ringmuskel) und Linse bei. Im entspannten Zustand sind die Zonulafasern angespannt und der Ziliarkörper zieht die Linse flach. So kann die Linse auf größere Entfernungen eingestellt werden. Spannt sich der Muskel an, kann sich die Linse durch ihre eigene Elastizität stärker wölben. Die Zonulafasern sind nun locker. So kommt es zu einer scharfen Naheinstellung.

3 Benenne die gekennzeichneten Teile in M3 und beschreibe die Wirkungsweise der Tränendrüsen.

① = **Tränendrüse**
② = **Tränenkanälchen**
③ = **Tränensack**

Tränenflüssigkeit hält die Hornhaut stets feucht; durch den Lidschlag werden Staubteilchen zur Nase gespült.

4 Erläutere Ursache, Symptome und Behandlungsmöglichkeiten beim „Grünen Star". Recherchiere fehlende Informationen.

Ursache für den Grünen Star (Glaukom) ist eine erhöhte Produktion des Kammerwassers oder ein schlechtes Abfließen desselben. So steigt der Augeninnendruck an. Es kann bei Dunkelanpassung, Einwirkung von Atropin oder psychischer Erregung sogar zu einem akuten, schmerzhaften Glaukomanfall kommen. Das Sehvermögen ist eingeschränkt. Es kommt zu einer schlechteren Versorgung der Netzhaut mit Sauerstoff und Nährstoffen. Die Zellen der Netzhaut sterben eventuell sogar ab. Das kann zur Erblindung führen. Zur Behandlung gibt es Medikamente, die den Augeninnendruck senken. Eine druckentlastende Operation ist ebenfalls denkbar.

Arbeitsblatt – Auf der Netzhaut entsteht ein Bild

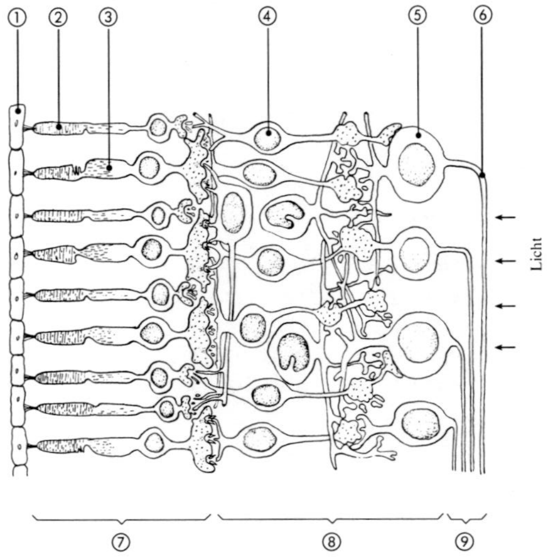

1 Beschrifte die nummerierten Teile der Netzhaut.

① **Pigmentschicht**
② **Stäbchen**
③ **Zapfen**
④ **Schaltnervenzelle**
⑤ **Sehnervenzelle**
⑥ **Nervenfaser**
⑦ **Lichtsinneszellen**
⑧ **Nervenzellen**
⑨ **Sehnerv**

2 Ergänze den Lückentext mit Hilfe der Abbildungen.

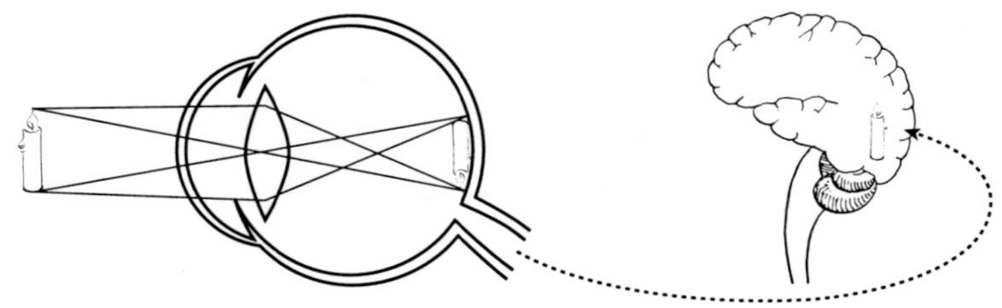

Die **Lichtstrahlen** fallen in das **Auge** und werden von der **Hornhaut** und der **Linse** gebrochen. Die **Lichtsinneszellen (Stäbchen und Zapfen)** werden durch die **Lichtstrahlen** (= Reiz) erregt. Auf der Netzhaut entsteht ein **umgekehrtes, verkleinertes, reelles** Bild. Die Erregung wird über den **Sehnerv** weitergeleitet in das **Sehzentrum des Gehirns**. Das Gehirn verarbeitet die Informationen so, dass uns das Bild **richtig herum** erscheint.

Übung – Experimente zum Sehen

1 Fingerversuch

Aufgabe: Beschreibe die Beobachtung. Die Abbildung rechts zeigt eine Skizze der Versuchssituation in der der vordere Zeigefinger (A) zwischen Daumen (1) und Mittelfinger (2) dieser Hand zu sehen ist. Der hintere Zeigefinger ist als Punkt B markiert. Erkläre die Beobachtung unter Verwendung der Skizze.

Während man den vorderen Zeigefinger fixiert, erscheint der hintere Zeigefinger doppelt. Der vordere Finger (A) wird während des Fixierens in beiden Augen in der Sehgrube abgebildet, der Daumen (1) jeweils rechts davon und der Mittelfinger (2) jeweils links davon (wenn die rechte Hand näher zum Gesicht gehalten wird, sonst umgekehrt). Die Bilder sind also in beiden Augen gleich. Man sagt, die Punkte fallen auf identische Netzhautstellen. Würde man beide Netzhäute so übereinander legen, dass die Sehgruben übereinander liegen, so lägen alle drei Finger jeweils genau übereinander. Das Gehirn verrechnet diese beiden Bilder zu einem räumlichen Seheindruck. Dies trifft nicht für den weiter entfernten zweiten Zeigefinger (B) zu. Er fällt in beiden Augen auf nicht identische Stellen. Das Gehirn sieht deshalb zwei Finger.

2 Die Zauberbrücke

Aufgabe: Beschreibe deine Beobachtung. Erläutere, weshalb du keinen räumlichen Seheindruck von der Brücke bekommst.

Nähert man sich der Abbildung, verschwindet die Lücke in der Brücke. Es entsteht kein räumlicher Eindruck, weil beide Teilbilder unterschiedliche Bildausschnitte der Brücke zeigen. Die Lücke verschwindet, weil sie nicht mehr auf der Netzhaut abgebildet wird.

3 Tiefenwahrnehmung durch Schattenwirkung

Aufgabe: Beschreibe deine Beobachtung. Erläutere, warum man so unterschiedliche Eindrücke von dem Bild bekommt.

Zuerst sieht man einen Krater. Dreht man das Bild um 180° erkennt man einen Hügel. Bei der Drehung geht das System Auge – Gehirn immer von der gespeicherten Erfahrung aus, dass das Licht von oben kommt.

Pinnwand – Unsere Haut

In der Abbildung ist ein Ausschnitt der menschlichen Haut dargestellt. Ordne den Ziffern die entsprechenden Begriffe zu.

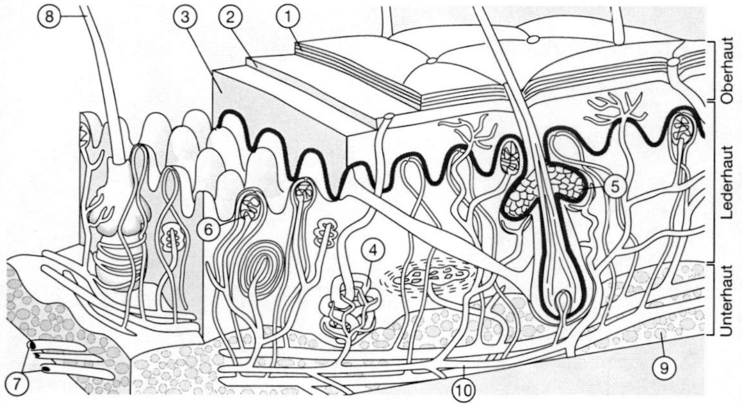

① **Hornschicht**
② **Keimschicht**
③ **Pigmentschicht**
④ **Schweißdrüsen**
⑤ **Talgdrüsen**
⑥ **Tastkörperchen**
⑦ **Blutgefäße**
⑧ **Haar mit Haarbalgdrüse**
⑨ **Fetteinlagerung**
⑩ **freie Nervenenden**

Bei der Blindenschrift werden kleine Erhebungen nach einem bestimmten Muster in das Papier geprägt und vom Blinden mit den Fingerspitzen ertastet. Nenne die Teile der Haut, die diese Art des Lesens ermöglichen.

Tastkörperchen in der Haut nehmen Erhebungen wahr.

Nenne Funktionen der Haut.

- **Temperaturregulation**
- **Ausscheidungsorgan**
- **Schutzfunktion: Abschluss des Körpers nach außen**
- **Träger von Sinneszellen (Wärme, Schmerz usw.)**

Stelle im Hefter verschiedene Regeln zur Gesunderhaltung der Haut zusammen.

Arbeitsblatt — Das Nervensystem des Menschen

1 Ergänze die Übersicht zum Nervensystem des Menschen. Verwende folgende Begriffe: Zentralnervensystem, peripheres Nervensystem, Gehirn, vegetatives Nervensystem, Rückenmark, abgehende Nervenbahnen, Sympathikus, ankommende Nervenbahnen, Parasympathikus.

- Nervensystem des Menschen
  - **Zentralnervensystem**
    - **Gehirn**
    - **Rückenmark**
  - **vegetatives Nervensystem**
    - **Sympathikus**
    - **Parasympathikus**
  - **peripheres Nervensystem**
    - **abgehende Nervenbahnen**
    - **ankommende Nervenbahnen**

2 Ordne den Ziffern die entsprechenden Fachbegriffe zu und gib die Funktion der Teile an.

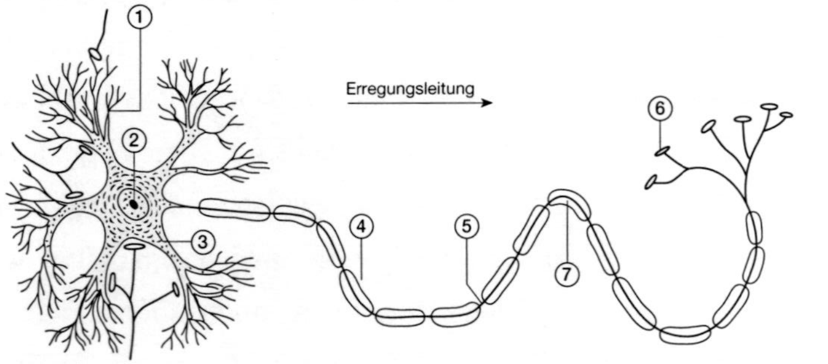

Teil	Funktion
① **Dendrit**	**Verknüpfung zu anderen Nervenzellen**
② **Zellkern**	**Speicherung der Erbinformation**
③ **Zellkörper**	**gibt der Nervenzelle eine Form, trägt die Dendriten**
④ **Nervenfaser**	**Weiterleitung der Nervenimpulse**
⑤ **Axon**	**Weiterleitung der Nervenimpulse**
⑥ **synaptisches Endknöpfchen**	**Verknüpfungsstelle zu anderen Nervenzellen oder zum Muskel**
⑦ **Hüllzelle**	**schützt und isoliert das Axon**

Arbeitsblatt — Das Rückenmark

1 Beschrifte die Teile der Wirbelsäule und des Rückenmarks.

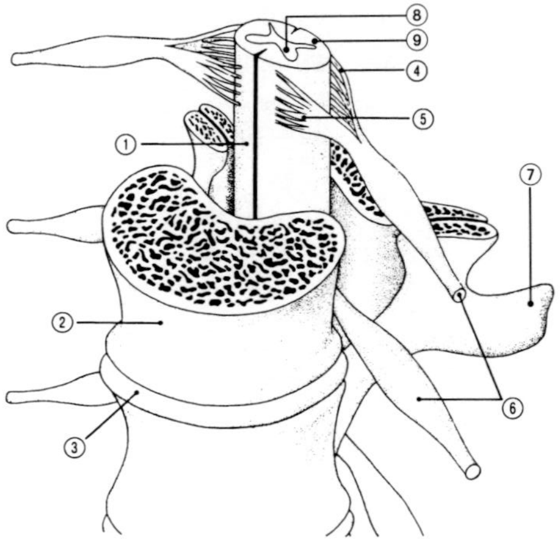

① **Rückenmark**
② **Wirbel**
③ **Bandscheibe**
④ **Empfindungsnerv**
⑤ **Bewegungsnerv**
⑥ **Nervenstränge (Rückenmarksnerven)**
⑦ **Querfortsatz**
⑧ **Graue Substanz**
⑨ **Weiße Substanz**

2 Führe mit deinem Sitznachbarn folgenden Versuch durch: Dein Partner setzt sich mit geradem Rücken und mit 90° angewinkelten Beinen auf den Stuhl. Die Füße dürfen den Boden nicht berühren. Schlage nun mit deiner äußeren Handkante unter seine Kniescheibe. Was beobachtest du?

Siehe Lösungstext zu Aufgabe 3.

3 Beschreibe mit Hilfe der Abbildung den Kniesehnenreflex. Arbeite in deinem Hefter.

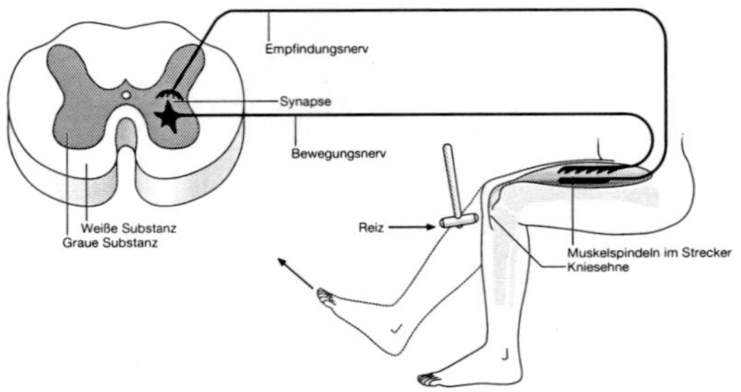

Empfindungsnerven leiten die Informationen über die durch den Schlag ausgelöste Muskeldehnung an das Rückenmark. Sie laufen in die graue Substanz. Hier übertragen sie die Nachricht über eine Synapse an Bewegungsnerven, die zum Streckmuskel zurücklaufen. Der Muskel nimmt den Befehl auf und zieht sich daraufhin zusammen. Der Unterschenkel schnellt nach oben.

Arbeitsblatt – Das Gehirn des Menschen

1 Beschrifte die Abbildung in M2.

① **Schädelkapsel/Schädelknochen**
② **Balken**
③ **Zirbeldrüse**
④ **Mittelhirn**
⑤ **Kleinhirn**
⑥ **Brücke**
⑦ **Verlängertes Mark**
⑧ **Rückenmark**
⑨ **Großhirn**
⑩ **Zwischenhirn**
⑪ **Hirnanhangsdrüse**

2 Erläutere den Zusammenhang zwischen Struktur und Funktion am Beispiel von ①.

Die Schädelkapsel besteht aus hartem Knochenmaterial. Sie bildet einen Hohlraum, der das Gehirn vollständig umgibt. So liegt das Gehirn gut geschützt in der Kapsel und kann durch Stöße und Schläge kaum verletzt werden. Man erkennt also den Zusammenhang zwischen dem Bau dieser Knochen und ihren Funktionen.

3 Erläutere M3.

Linke und rechte Hemisphäre des Großhirns haben unterschiedliche Funktionen. So ist die linke Hälfte für die Bewegung und Kontrolle der rechten Hand verantwortlich. Auch Sprechen, Schreiben und Rechnen liegen hier. Das bewusste, analytische Denken findet ebenfalls mit dieser Großhirnhälfte statt.
Die rechte Hemisphäre steuert dann die linke Hand, ist mehr für Fantasie, räumliche und bildliche Vorstellung, Musik und unbewusste Handlungen verantwortlich.

4 Nach einem Schlaganfall ist die rechte Körperseite bei einem Patienten gelähmt. Erkläre diesen Sachverhalt.

Wenn die rechte Körperseite gelähmt ist, ist die linke Großhirnhemisphäre vom Schlaganfall betroffen. Hier muss es zu einer Durchblutungsstörung im Bereich des Großhirns gekommen sein. Durch diese Ursache kam es zu einem Sauerstoffmangel und die betroffenen Nervenzellen starben in diesem Gebiet ab. Diese Ursache-Wirkungsbeziehung zieht wiederum die Lähmungserscheinungen nach sich. In den betroffenen Teilen können keine Informationen mehr verarbeitet werden. Damit können auch keine Signale an die Körperregionen, zum Beispiel die rechte Hand, gesendet werden. Die Informationsübertragung zwischen diesen Gehirnbereichen und den entsprechenden Muskeln der Gliedmaßen ist unterbrochen, die Reaktionen bleiben aus.

Streifzug – Gedächtnis

Lies den oben stehenden Streifzug aufmerksam. Stelle dann Hinweise zusammen, wie du dein Gehirn beim Lernen unterstützen kannst. Arbeite im Hefter.

1. auf der Informationsebene:
– mit Ruhe und Konzentration lernen
– möglichst keine Störungen
– gezielt wichtige Informationen auswählen
– Informationen hervorheben (z. B. Marker verwenden, unterstreichen)

2. auf der Ebene des primären Gedächtnisses:
– Information z. B. verbalisieren (für das Wortgedächtnis)
– Information wiederholen
– beim Wiederholen zum Beispiel gruppieren

3. auf der Ebene des sekundären Gedächtnisses:
– Wichtigkeit oder Bedeutung der Information bewusst machen
– Gelerntes wiederholen, üben, anwenden
– Gelerntes mit bereits Bekanntem verknüpfen

Übung — Lerntyp bestimmen

Hinweis: Der Versuch kann auch mit der gesamten Klasse gleichzeitig durchgeführt werden. Dann zeigt der Lehrer die Gegenstände bzw. liest vor. Die Begriffe zum Lesen stehen nun auf einer Folie. Zum Ertasten wird jeweils ein Schüler ins Vorbereitungszimmer geholt. Hier gibt ihm ein weiterer Schüler die Gegenstände.

Aufgaben:

1 Trage die erreichten Ergebnisse in das Diagramm ein.

Ein Ergebnis könnte folgendermaßen aussehen:

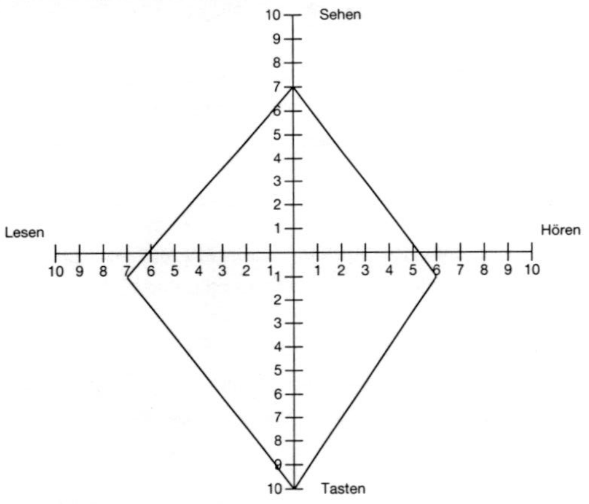

2 Vergleiche die Werte mit Diagrammen deiner Mitschüler.

Es werden häufig sehr unterschiedliche Werte ermittelt. Beim Tasten ist die Zahl der erinnerten Gegenstände meist am höchsten. Beim Hören ist die Merkfähigkeit meist am geringsten. (Es können auch extreme Abweichungen auftreten.)

3 Ziehe Schlussfolgerungen, wie du am einfachsten und schnellsten lernen kannst.

Der Schüler sollte erkennen, dass er besser über mehrere (mindestens zwei) Kanäle Wissen aufnehmen sollte. Das bloße Zuhören, ohne Mitschreiben, ist meist genauso uneffektiv wie alleiniges schnelles Durchlesen. Farbige Markierungen, Übersichten, Diagramme usw. helfen dem Bildgedächtnis des Menschen Wissen besser zu behalten. Der Schüler wird auch erkennen, dass der Eingangskanal Tasten, obwohl er erfolgreich ist, in der Schule kaum angewendet wird. Es kann darauf hingewiesen werden, dass die Arbeit mit anfassbaren Modellen und Präparaten, das Mikroskopieren und das Experimentieren im Biologieunterricht diesem Eingangskanal Rechnung trägt.

4 Begründe, warum Schulstoff immer über mehrere Eingangskanäle vermittelt werden sollte.

Der Schulstoff wird dadurch besser gelernt und ist als Wissen mit größerer Wahrscheinlichkeit abrufbar. Außerdem würden sonst Schüler benachteiligt, bei denen ein Eingangskanal – zum Beispiel das Hören – besonders schlecht ausgeprägt ist. Sie hätten so nie die Chance, 100 Prozent des dargebotenen Stoffes aufzunehmen.

Arbeitsblatt — Das vegetative Nervensystem

Bearbeite folgende Aufgaben mit deinem Lehrbuch und notiere die Antworten im Hefter.

1 Beschreibe den Bau des vegetativen Nervensystems mit Hilfe der Abbildung.

Der Sympatikus besteht im Wesentlichen aus Nervensträngen, die aus dem Rückenmark austreten und Ketten aus Ganglienknoten bilden. Von hier aus ziehen Nervenfasern zu den Organen. Der Parasympathikus besteht aus vier Gehirn- und einigen Rückenmarksnerven. Von ihnen geht ein Nervengeflecht mit Ganglien aus, das alle Organe versorgt.

2 Trage in die Kästchen der unteren Abbildung ein:
+ = Anregung, Erweiterung / – = Hemmung, Verengung.

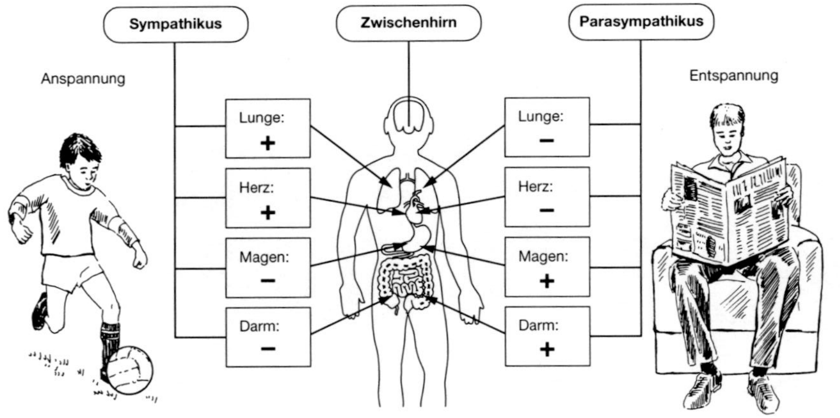

3 Erkläre, warum das vegetative Nervensystem auch als eigenständiges Nervensystem bezeichnet wird.

Das vegetative Nervensystem wird auch als eigenständiges oder unbewusstes Nervensystem bezeichnet, da es weitgehend selbstständig arbeitet und nicht unserem Willen unterliegt.

Arbeitsblatt – Drogenkonsum in Deutschland

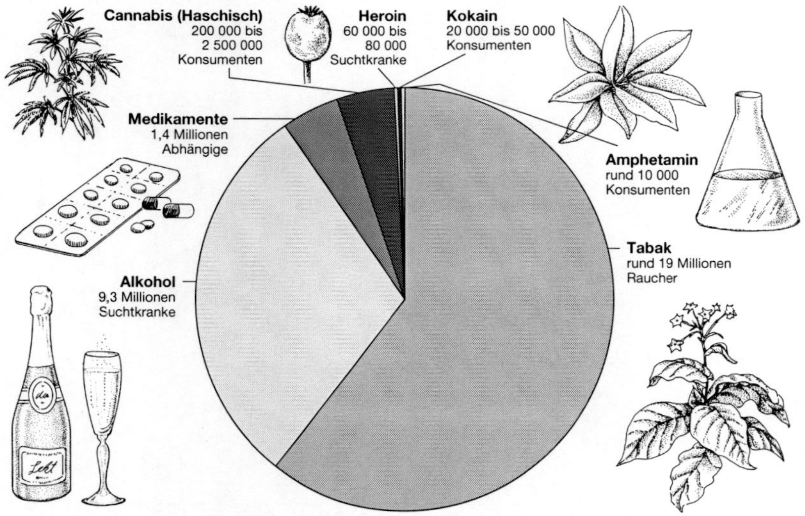

1 Nenne eine Gemeinsamkeit zwischen allen hier angegebenen Drogen.

Alle hier angegebenen Drogen rufen stoffgebundene Süchte hervor.

Es wirken immer bestimmte chemische Inhaltsstoffe.

2 Erkläre den Unterschied zwischen legalen und illegalen Drogen.

Legale Drogen wie Alkohol können ohne Probleme käuflich erworben werden.

Handel und Erwerb illegaler Drogen sind verboten und werden strafrechtlich verfolgt.

3 Neben dem Nikotin im Tabak spielt der Alkohol als legale Droge in Deutschland eine große Rolle. Ergänze in der folgenden Übersicht, wie sich dauernder Alkoholgenuss auf verschiedene Organe auswirkt.

Organ	Schädigung
Gehirn	**Zerstörung von Nervenzellen, Ausfall bestimmter Gehirnbereiche möglich**
Leber	**Leberzellen werden bei der Entgiftung ständiger großer Alkoholmengen zerstört, Leberzirrhose entsteht**
Verdauungsorgane	**Magen- und Darmschleimhäute werden gereizt, Magen- und Darmgeschwüre sind möglich**
Herz	**Herzmuskel wird geschwächt, Herzrhythmusstörungen können auftreten**

Arbeitsblatt – Die Hormondrüsen des menschlichen Körpers

1 Beschrifte alle auf der Abbildung dargestellten Hormondrüsen und Organe.

① **Zirbeldrüse**
② **Hirnanhangsdrüse**
③ **Schilddrüse**
④ **Thymus**
⑤ **Nebennieren**
⑥ **Bauchspeicheldrüse**
⑦ **Keimdrüsen (Mann: Hoden; Frau: Eierstöcke)**

2 Nenne Hormone, die andere Hormondrüsen zur Hormonbildung anregen.

TSH regt die Schilddrüse zur Ausschüttung des Schilddrüsenhormons, FSH regt den Eierstock zur Ausschüttung von Östrogen an.

3 Erläutere am Beispiel einer Hormondrüse den Zusammenhang zwischen Struktur und Funktion.

Das Erschließungsfeld beschreibt z. B. den Zusammenhang zwischen dem Bau und den Leistungen eines Organs. So besteht eine Hormondrüse aus Drüsengewebe mit Drüsenzellen. Diese Zellen geben Sekrete ab, die wiederum in niedrigsten Konzentrationen im Stoffwechsel als Signalstoffe wirken.

4 Erstelle in deinem Hefter folgende Tabelle:

Hormondrüse	wichtige Hormone	Wirkungen
Epiphyse	Melatonin	Zeitgeberfunktion, Gonadenaktivität
Hypophyse	vielseitig: z.B.	Steuerzentrale
	Somatropine	Wachstumsregulation
	Gonadotropine	Keimdrüsentätigkeit
Schilddrüse	Thyroxin	Stoff- und Energiewechsel
Nebenschilddrüse	noch ungeklärt	beeinflusst Schilddrüsenfunktion
Thymus	Thymosin	Immunsystem/T-Zellen
Bauchspeicheldrüse	Insulin	Blutzuckersenkung (Glusose → Glykogen)
	Glucagon	Blutzuckersteigerung (Glykogen → Glucose)
Nebenniere/Rinde	Androgene,	Vermännlichung
	Cortisole	Hemmung und Heilung von Entzündungen
Mark	Adrenalin	Stresshormon – Blutzuckersteigerung, hohe Herzfrequenz, Blutgefäßverengung
Keimdrüse/Hoden	Androgene Testosteron	Vermännlichung, Spermaproduktion
Eierstock	Östrogene, Gestagene	Verweiblichung, Zyklus, Schwangerschaft, Geburt, Stillen, Zyklus

Arbeitsblatt – Regelkreise in Natur und Technik

1 Regelkreise findet man nicht nur in biologischen Systemen, sondern auch in der Technik. Abbildung B zeigt ein allgemeines Regelkreisschema, das die Vorgänge in der Natur und der Technik beschreibt. Übertrage die allgemeinen Fachbegriffe an passender Stelle in die mittlere Spalte der Tabelle.

2 Trage folgende Begriffe (Regelung einer Heizung) an passender Stelle in die rechte Spalte der Tabelle ein: Ofen heizt; momentane Raumtemperatur; Zimmertemperatur, Thermometer; Regelmechanismus der Heizung; Abkühlung durch Fenster, Türen, Wände; Einschalten des Ofens; eingestellter Sollwert für die Temperatur.

Regelkreis der Schilddrüsenfunktion	Fachbegriff des Regelkreises	Regelkreis einer Heizung
Messzellen in der Hypophyse	Fühler	Thermometer
Grundumsatz des Energiestoffwechsels	Regelgröße	Zimmertemperatur
Thyroxingehalt des Blutes	Istwert	momentane Raumtemperatur
Sollwert für den Thyroxingehalt des Blutes	Sollwert	eingestellter Sollwert für die Temperatur
Thyroxinausschüttung der Schilddrüse	Stellglied	Ofen heizt
Hypophyse	Regler	Regelmechanismus der Heizung
Thyroxinabbau	Störgröße	Abkühlung durch Fenster, Wände
TSH	Stellwert	Einschalten des Ofens

Streifzug – Zuckergehalt im Blut und Diabetes

1 Wodurch bewirkt Insulin eine Absenkung des Blutzuckergehalts?

Insulin fördert die Umwandlung von Blutzucker in Glykogen, fördert den Übertritt von Blutzucker aus dem Blut in die Zellen, fördert die Umsetzung von Blutzucker zu Fetten und fördert den Abbau von Blutzucker

2 Beschreibe die Ergebnisse des Blutzuckerbelastungstests.

Der gesunde Mensch wird mit jeweils 50 g Glucose belastet, der Diabetes-Patient mit nur jeweils 20 g. Trotzdem steigt der Blutzuckergehalt bei dem Diabetes-Patienten ungleich stärker als beim Gesunden. Während beim Gesunden 90 Minuten nach der Zuckergabe die Blutzuckerkonzentration wieder auf den Wert abgesunken ist, ist dies beim Diabetes-Patienten nicht der Fall, ein merklicher Abfall des Blutzuckerwerts ist in dieser Zeitspanne nicht zu beobachten. Die zweite Gabe führt bei ihm zu einem noch höheren Anstieg des Blutzuckerwerts, beim Gesunden dagegen bewirkt die zweite Gabe einen geringeren Anstieg als die erste Gabe. Es kommt sogar zu einem Absinken des Blutzuckerwerts unter das Ausgangsniveau.

3 Erkläre die Befunde.

Beim Gesunden bewirkt der Blutzuckeranstieg durch die Gabe von Glucose eine verstärkte Insulinausschüttung. Das Insulin führt zum Absinken des Blutzuckergehalts durch die in Aufgabe 1 beschriebenen Mechanismen. Beim Diabetes-Patienten fehlt das Insulin, folglich steigt der Blutzuckerwert an, ohne rasch wieder auf den Ausgangswert zurückzukehren. Wenn dann doch nach Stunden der Blutzuckerwert wieder absinkt, dann ist das durch normale Zucker verbrauchende Vorgänge und durch die Zuckerausscheidung im Harn zu erklären.

Übung – Partnerschaft und Verantwortung

1 Die folgenden Aussagen kennzeichnen gute und schlechte Beziehungen. Kreuze alle Aussagen an, die deiner Meinung nach zu einer guten Beziehung gehören. Begründe deine Auswahl.

- (X) sich zuhören
- (X) sich gegenseitig trösten
- (X) mit dem anderen streiten
- ( ) aneinander vorbeileben
- (X) Spaß an Sex haben
- ( ) sich betrügen
- (X) gemeinsame Hobbies haben
- ( ) schlechte Laune am anderen auslassen
- (X) Schwierigkeiten gemeinsam überstehen
- ( ) etwas ohne den Partner unternehmen
- (X) gemeinsame Freunde haben
- ( ) eigene Interessen aufgeben
- ( ) eifersüchtig sein

2 Kreuze an, welchen Stellenwert die folgenden Eigenschaften im Hinblick auf deinen Freund oder deine Freundin haben. Begründe deine Einordnung.

Eigenschaft	sehr wichtig	wichtig	weniger wichtig
gut aussehend		X	
humorvoll	X		
treu	X		
ehrlich	X		
romantisch		X	
zuverlässig	X		
reich			X
sexy			X
tolerant	X		
modebewusst			X
einfühlsam	X		
unternehmungslustig	X		
sportlich		X	
intelligent		X	

3 Vergleiche deine Einordnung der Eigenschaften aus der Aufgabe 2 mit den Angaben deiner Mitschülerinnen und Mitschüler. Welche drei Eigenschaften werden am häufigsten als sehr wichtig bezeichnet? Welche Eigenschaften sind eher weniger wichtig?

Je nach Schülerantworten

Arbeitsblatt – Geschlechtsorgane des Mannes

1 Benenne die in der Abbildung gekennzeichneten männlichen Geschlechtsorgane und die benachbarten Organe.

① **Bläschendrüse**
② **Harnblase**
③ **Samenleiter**
④ **Vorsteherdrüse**
⑤ **Harn-Samenleiter**
⑥ **Schwellkörper**
⑦ **Penis**
⑧ **Vorhaut**
⑨ **Eichel**
⑩ **Nebenhoden**
⑪ **Hoden**
⑫ **Hodensack**

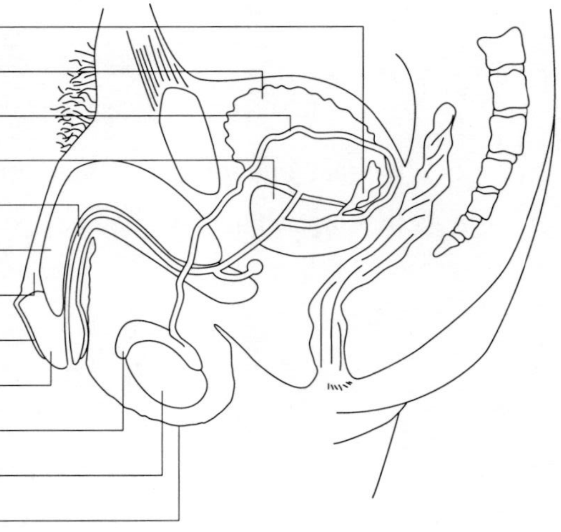

2 Stelle in der Tabelle die Funktion(en) der oben gekennzeichneten Abschnitte zusammen.

Abschnitt	Funktion(en)
①	**Produktion der Samenflüssigkeit**
②	**Sammeln von Urin, Ausscheidungsorgan**
③	**Transport von Spermienzellen**
④	**Produktion der Samenflüssigkeit**
⑤	**Abgabe von Urin, Übertragung des Spermas in die Vagina**
⑥	**schnelle Aufnahme von Blut, Erektion des Penis**
⑦	**Übertragung des Spermas in die Vagina**
⑧	**Schutz, Lustempfinden**
⑨	**Ausgang Harnsamenleiter**
⑩	**Speicherung von Spermienzellen**
⑪	**Produktion von Spermienzellen**
⑫	**Schutz von Hoden und Nebenhoden**

Arbeitsblatt – Geschlechtsorgane der Frau

1 Benenne die in der Abbildung dargestellen Abschnitte der weiblichen Geschlechtsorgane und die gekennzeichneten Organe des unteren Bauchraumes.

① **Eileitertrichter**
② **Eierstock**
③ **Eileiter**
④ **Gebärmutter**
⑤ **Harnleiter**
⑥ **Kitzler**
⑦ **große Schamlippen**
⑧ **kleine Schamlippen**
⑨ **Scheide**

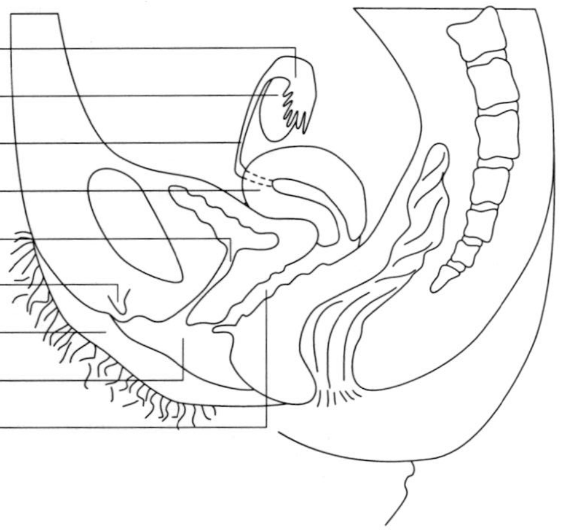

2 Gib in der Tabelle Bau und Funktion(en) der oben gekennzeichneten Abschnitte an.

Abschnitt	Baumerkmal	Funktion(en)
①	**trichterförmig**	**Aufnahme der Eizelle**
②	**Drüsengewebe**	**Produktion der Follikels (der Eizelle), Hormone**
③	**innen mit Flimmerepithel**	**Transport der Eizelle, Ort der Befruchtung**
④	**innen mit Schleimhaut**	**Heranwachen Embryo/Fetus**
⑤	**röhrenförmig**	**Ausscheiden von Urin**
⑥	**Hautzipfel**	**Erregung/Lustgefühl**
⑦	**Hautlappen**	**Schutz**
⑧	**Hautlappen**	**Schutz**
⑨	**muskulös, dehnbar**	**Aufnahme des Penis, Geburtskanal**

Arbeitsblatt – Der weibliche Zyklus

1 Benenne die Hypophysenhormone in Abbildung ①. Ordne die Hormone den betreffenden Kurven zu.

2 Beschreibe die Veränderungen des Follikels in Abbildung ② in deinem Hefter. Beschrifte die Zeichnung.

Zunächst kommt es zum Follikelwachstum. Die Eizelle wird größer und wird durch den Eisprung freigesetzt. Der Rest des Follikels wird als Gelbkörper bezeichnet. Er dient der Produktion von Hormonen. Später wird der Gelbkörper abgebaut.

3 Benenne die Hormone des Eierstocks in Abbildung ③. Ordne die Hormone den betreffenden Kurven zu.

4 Beschreibe die Veränderungen der Gebärmutterschleimhaut in Abbildung ④ im Hefter.

Zu Beginn des weiblichen Zyklus ist die Gebärmutterschleimhaut nur gering ausgebildet. Im zweiten Drittel des Zyklus beginnt sie stark zu wachsen und ist nun reich durchblutet. Nach dem Eisprung ist die Schleimhaut voll ausgebildet. Nistet sich keine befruchtete Eizelle ein, wird sie abgebaut und ausgeschieden. Dieser Vorgang wird als Regelblutung bezeichnet.

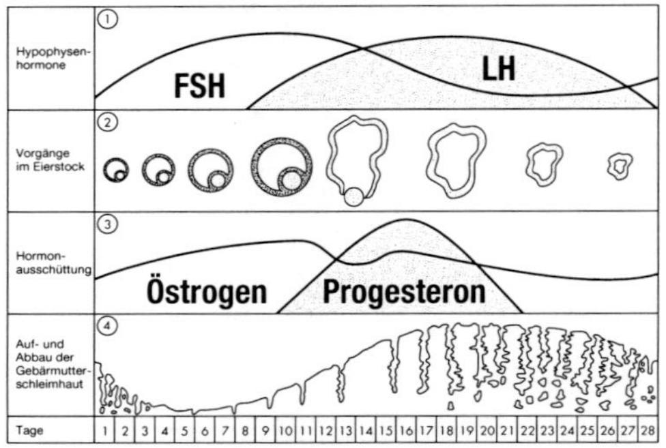

5 Gib Zeitpunkt und Bedeutung des Eisprungs an.

Der Eisprung findet etwa am 14. Tag nach Beginn der Blutung statt, die Eizelle gelangt in den Eileiter und kann befruchtet werden.

6 Nenne Beispiele, wodurch der weibliche Zyklus gestört werden könnte.

Stress, Aufregung, Urlaubsreise, Krankheit

7 Stelle dar, warum das Führen eines Menstruationskalenders wichtig ist und erkläre den Begriff Menopause. Löse diese Aufgabe in deinem Hefter.

Das Führen eines Menstruationskalenders ist wichtig, da durch ihn der Arzt Unregelmäßigkeiten feststellen kann. Auch die Einstellung des Mädchens auf den Zyklus und die Ermittlung von Schwangerschaft und Geburtstermin sind möglich. Als Menopause bezeichnet man die Vorgänge im Körper der Frau, wenn die Hormonproduktion mit ca. 50 Jahren umgestellt wird und die Menstruation ausbleibt.

Arbeitsblatt Befruchtung und Schwangerschaft

1 Ordne den Ziffern in der Abbildung die richtigen Begriffe zu.

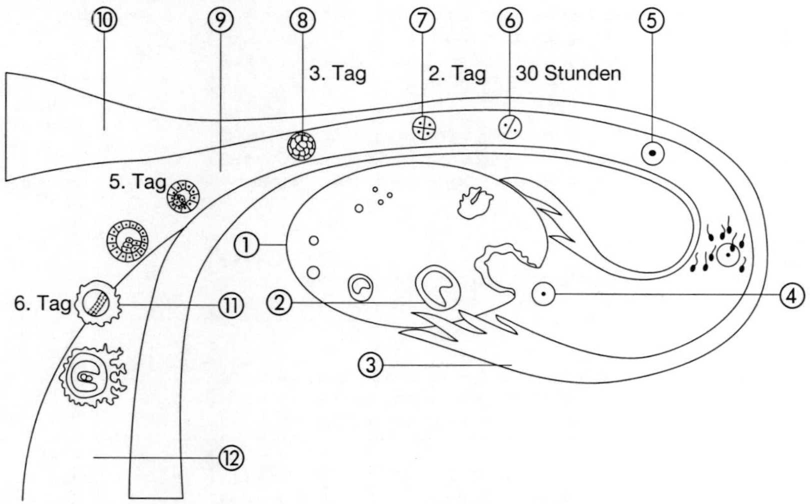

① **Eierstock**
② **Follikel**
③ **Eileitertrichter**
④ **Eizelle**
⑤ **befruchtete Eizelle**
⑥ **2-Zellstadium (Keim)**
⑦ **4-Zellstadium (Keim)**
⑧ **Bläschenkeim**
⑨ **Eileiter**
⑩ **Gebärmutter**
⑪ **Keim, der sich einnistet**
⑫ **Gebärmutterschleimhaut**

2 Fülle den Lückentext aus.

Sechs Tage nach der **Befruchtung** nistet sich der Blasenkeim in der **Gebärmutterschleimhaut** ein und entwickelt sich zum **Embryo**. Zotten verbinden ihn mit der Schleimhaut. Dieser Bereich heißt **Plazenta**. Aus der Keimscheibe entwickeln sich drei Keimblätter, die Fruchtwasserblase (Amnionhöhle) und der Dottersack.

3 Am Ende der Embryonalzeit sind alle Organe angelegt. Der Fetus ist 10 cm lang. Wann können Herztöne und Bewegungen erstmalig festgestellt werden?

Von außen ohne Hilfmittel ab dem 5. Monat erkennbar

Streifzug Geburt und Neugeborenes

1 Beschreibe kurz den Ablauf einer Geburt.

Eröffnungsphase: Durch Wehen öffnet sich der Muttermund auf etwa 10 cm und der Gebärmutterhals weitet sich. Schließlich platzt die Fruchtblase.
Austreibungsphase: Kräftige Wehen folgen kurz aufeinander. Durch die Presswehen wird das Kind durch den Geburtskanal gepresst. Dabei wird zuerst der Kopf geboren. Das Kind beginnt selbstständig zu atmen. Nach einem kurzen Ausruhen auf dem Bauch der Mutter wird es abgenabelt.
Nachgeburt: Etwa 20 Minuten nach der Geburt des Kindes wird die Plazenta mit der Nabelschnur ausgestoßen. Hierzu zieht sich die Gebärmutter noch einmal kräftig zusammen.

2 Benenne die gekennzeichneten Teile in Abbildung A.

① **Plazenta (Mutterkuchen)**
② **Nabelschnur**
③ **Gebärmutter**
④ **geburtsreifer Fetus**
⑤ **Fruchtwasser**
⑥ **Wand der Fruchtblase**
⑦ **Muttermund**
⑧ **Geburtskanal**

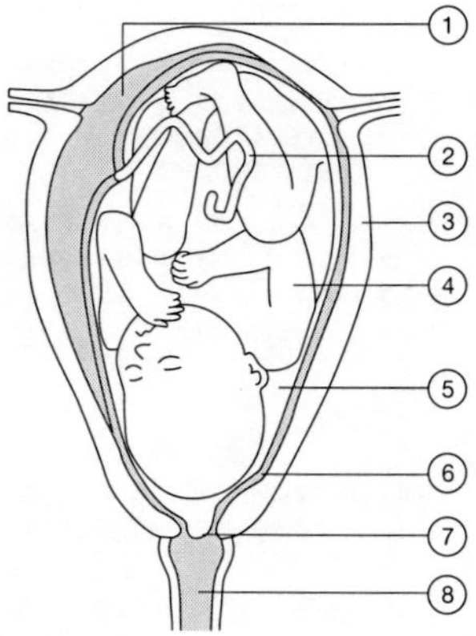

A

3 Definiere den Begriff Reflex und nenne die an einem Reflex beteiligten Strukturen.

Reflex: Angeborene Handlung, die stets auf einen bestimmten Reiz hin starr abläuft und nicht durch den Willen beeinflusst werden kann. Das Großhirn ist an dieser Reaktion nicht beteiligt.
Beteiligte Strukturen sind: Sinnesorgan/ Sinneszelle, sensible Nervenbahnen, Umschaltzellen (meist im Rückenmark oder im Stammhirn gelegen), motorische Nervenbahnen, Erfolgsorgan (Muskel oder Drüse)

4 Worin könnte die biologische Bedeutung der beschriebenen Reflexe bestehen?

Suchreflex und Saugreflex: Suchen der mütterlichen Brustwarze, Festsaugen, Nahrungsaufnahme
Greifreflex: Festhalten an der Mutter (früher im Fell)
Moro-Reflex: Abstützen beim Fallen auf den Rücken

Arbeitsblatt Verhütungsmethoden I

Es gibt verschiedene Methoden eine Schwangerschaft zu verhüten. Dabei sind allerdings Vor- und Nachteile in Bezug auf Anwendung, Wirkung, Sicherheit und Nebenwirkungen zu beachten.

1 Ergänze in der Tabelle jeweils die Anwendung und die Wirkung der einzelnen Verhütungsmethoden.

Methode	Anwendung und Wirkung
Temperaturmethode 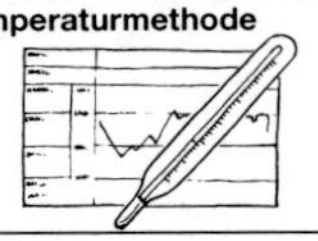	die Körpertemperatur der Frau wird morgens gemessen und die Werte werden in ein Kurvenblatt eingetragen; auf diese Weise ermittelt man fruchtbare und unfruchtbare Tage der Frau; da die Körpertemperatur der Frau nach dem Eisprung um ca. 1 °C ansteigt, ist vom dritten Tag des Temperaturanstiegs bis zum Einsetzen der Regelblutung nicht mit einer befruchtungsfähigen Eizelle zu rechnen
Diaphragma 	in den hinteren Scheidenbereich wird ein elastischer Ring, über den eine gewölbte Gummihaut gespannt ist, so eingeführt, dass der Gebärmuttereingang abgedeckt ist; Entfernung nach spätestens 12 Stunden notwendig; Spermien können nicht in die Gebärmutter gelangen
Spirale 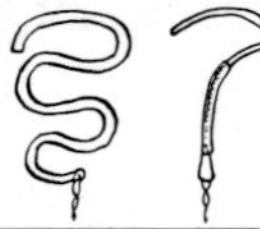	unterschiedlich geformte Fäden aus Kunststoff werden vom Arzt in die Gebärmutter eingelegt, Sitz der Fäden muss regelmäßig überprüft werden; verhindert, dass sich der Keim in der Gebärmutter einnistet; einige Spiralen arbeiten zusätzlich mit Kupfer, kleinste Kupfermengen verhindern die Einnistung ebenfalls
Pille 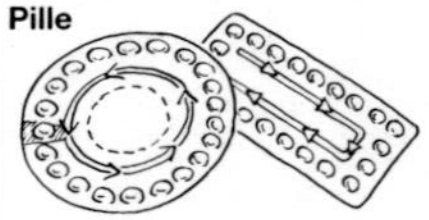	künstlich hergestelltes Östrogen/Gestagen-Hormon-Gemisch wird täglich von der Frau in Form einer Tablette (Pille) eingenommen; hormonelles Verhütungsmittel; Hormone wirken auf die Hypophyse ein und verhindern die Ausschüttung von FH, die Follikelreifung wird verzögert, der Eisprung findet nicht statt
Kondom 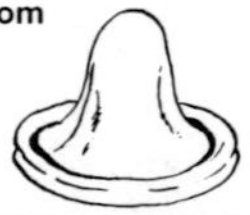	mechanisches Verhütungsmittel für den Mann, sehr dünner Latex- oder Gummiüberzug wird vor dem Geschlechtsverkehr über das versteifte Glied gestreift; Sperma wird beim Samenerguss aufgefangen und gelangt nicht in die Scheide
chemische Mittel 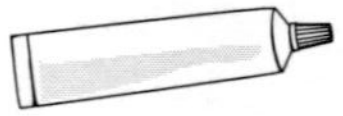	chemische Präparate in Form von Salben, Gels oder Zäpfchen werden vor dem Geschlechtsverkehr in die Scheide eingebracht; Sperma wird nach dem Samenerguss abgetötet
Handmonitor/Computer 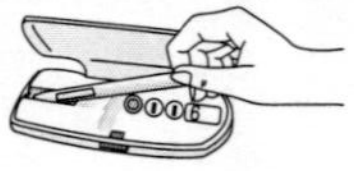	Teststäbchen werden in den Morgen-Urin getaucht und anschließend in einen Taschen-Computer eingeführt; Teststäbchen werden vom Computer über Hormonmessungen ausgewertet und so die fruchtbaren und unfruchtbaren Tage der Frau ermittelt
Sterilisation	Eileiter der Frau wird verklebt oder durchtrennt oder Samenleiter des Mannes wird unterbrochen; eigentlich keine Verhütungsmethode; nur dann anzuwenden, wenn Kinderwünsche verwirklicht sind oder die Schwangerschaft ein hohes gesundheitliches Risiko für die Frau darstellt

Arbeitsblatt Verhütungsmethoden II

2 Finde für die in der Tabelle aufgeführten Verhütungsmethoden wesentliche Vor- und Nachteile und ergänze diese.

3 Vergleiche die Verhütungsmethoden unter dem Aspekt der Sicherheit und diskutiere dies in der Klasse.

Methode	Vorteile	Nachteile
Temperaturmethode 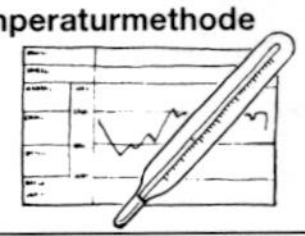	natürliche Verhütungsmethode, es erfolgt kein direkter Eingriff in den Körper der Frau, preiswerte Methode	unsicher, ein stabiler Zyklus Voraussetzung, geregelter Lebensrhythmus notwendig (jeden Morgen zur gleichen Zeit messen, psychische Unausgeglichenheit kann den Zyklus beeinflussen); für Jugendliche kaum geeignet
Diaphragma 	Anwendung relativ sicher	erfordert Übung, Erstbenutzung unter Anleitung des Gynäkologen ratsam; für Jugendliche kaum geeignet, Kombination mit chemischen Mitteln notwendig
Spirale 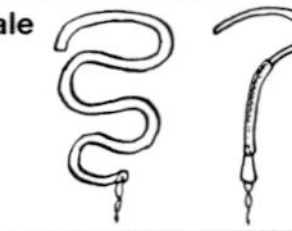	gilt nach der Pille als zuverlässigstes Verhütungsmittel	kann zu heftigen und schmerzhaften Abstoßungsreaktionen führen; nur für ältere Frauen geeignet
Pille 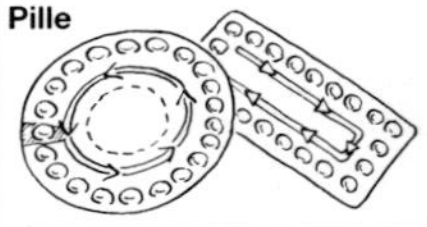	sehr sicher, einfache Anwendung; z.T. medizinisch erwünschte Nebenwirkungen wie Bekämpfung von Akne und zu starke Regelblutungen	kontinuierliche Einnahme erforderlich, z.T. können Unverträglichkeitsreaktionen auftreten; direkter Eingriff in den Hormonhaushalt der Frau
Kondom 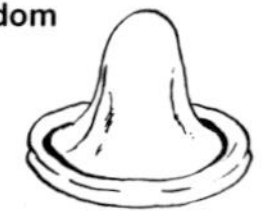	bei korrekter Anwendung sicher; Schutz vor Infektionskrankheiten wie z.B. AIDS	die Anwendung muss geübt werden, Kondome können reißen; Verminderung des sexuellen Lustempfindens
chemische Mittel 	preiswert, gut mit Diaphragma kombinierbar	sehr unsicher, Allergien gegen die Wirkstoffe können auftreten
Handmonitor/Computer 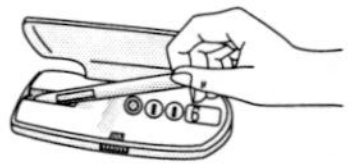	Anwendung einfach und ohne große Vorbereitungszeit, Sicherheit der anderen Methoden (z.B. Temperaturmethode) wird erhöht	relativ hoher Preis für Erstanschaffung des Computers und hohe Folgekosten für Teststreifen; über die Sicherheit der Methode liegen kaum Erkenntnisse vor
Sterilisation	Sicherheit liegt bei fast 100 %	eine Umkehrung der Sterilisation ist meist unmöglich; oft mit hohen psychischen Belastungen verbunden

Methode Rollenspiel

1 Bereitet ein Rollenspiel zum Thema „Ungewollte Schwangerschaft“ vor. Spielt eine Szene mit Hilfe der oben angegebenen Rollenkarten.

Verschiedene Konstellationen sind denkbar:

Mutter mit Tochter bei Gynäkologin;

Schwangere telefoniert mit Freundin;

Freundin, Schwangere und Mutter diskutieren zum Beispiel in der Küche;

Freund, Vater und Schwangere treffen sich …

2 Analysiert in einer Besprechungsrunde nach dem Stück folgende Punkte: Glaubwürdigkeit der gespielten Personen, Verlauf des Stückes, Verbesserungsmöglichkeiten.

Je nach Spiel der Gruppe

Arbeitsblatt Aids

1 Werte die unter A und B gegebenen Materialien aus.

Infektion: Eindringen von virushaltiger Körperflüssigkeit in die Blutbahn; HIV-Erreger im eigenen Körper

aktute Phase: Dauer von der 1. bis zur 9. Woche – 10. Woche; erst Zunahme der HI-Viren, nach 6. Woche jedoch Abnahme; HIV befällt T-Helferzellen, deren Zahl nimmt erst auf ≈ 500 pro Mikroliter Blut ab, steigt aber ab der 6. Woche wieder an; Infizierte meist ohne Beschwerden

chronische Phase: dauert im Durchschnitt 7 Jahre, maximal 10 Jahre, Zahl der HI-Viren steigt ganz langsam an; Zahl der T-Helferzellen sinkt ständig (nur sehr kurze Erholungsphasen)

Aids: Erkrankungsphase; starke Symptome wie Leistungsabfall, Durchfall, Pilzerkrankungen; Immunsystem bricht zusammen; Zahl der T-Helferzellen sinkt stark ab; Viruslast steigt stark an; andere Infektionen wie Lungenentzündung, Tumore usw. führen zum Tod

2 Stelle einen Zusammenhang zwischen A und B her.

Der Zeitungsartikel gibt Zahlen für die Neuinfektion an: 4,9 Millionen. Diese Zahl ist gestiegen. Außerdem gibt es bereits viele Menschen der letzten Phase, nämlich über 20 Millionen. In der chronischen Phase leben fast 40 Millionen. Trotzdem wird leider viel weniger für die Aufklärung getan. In Deutschland sinkt der Betrag dafür auf 9 Millionen.

3 Recherchiere die aktuellen Zahlen für die HIV-Infektionen weltweit und in Deutschland.

Je nach Jahr und Schülermaterial.

Arbeitsblatt — Bakterien sind vielgestaltig

1 Beschrifte die Bakterienzelle.

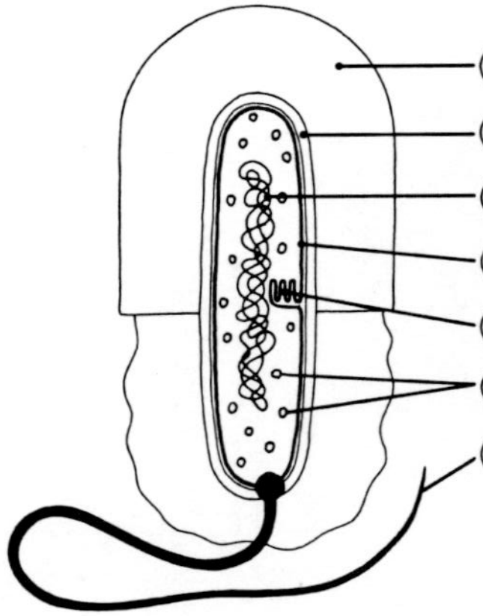

① **Kapsel oder Schleimauflagerung**
② **Bakterienzellwand**
③ **Erbsubstanz**
④ **Zellmembran**
⑤ **Einstülpung**
⑥ **Reservestoffe**
⑦ **Bakteriengeißel**

2 Bakterien haben unterschiedliche Formen. Übernimm die Tabelle in deinen Hefter und ergänze sie.

Form	**Kokken**	**Stäbchen**	**Vibrionen**	**Spirillen**
Zeichnung	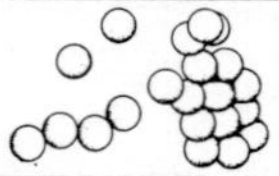	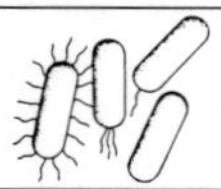		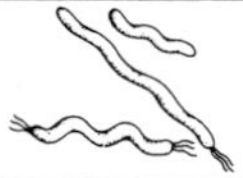
Beschreibung	**kugelförmige Bakterien, einzeln oder zu Verbänden wie Ketten oder Trauben**	**stäbchenförmige, lang gestreckte Bakterien, unbegeißelt oder mit Geißel oder Büschel**	kommaförmig gebogene Bakterien, manche mit Geißel	**schraubenförmige Bakterien, begeißelt oder unbegeißelt, z. T. gut beweglich**
Beispiel	Eitererreger	**Tetanuserreger Salmonellen Essigsäurebakterien**	**Erreger der Cholera, Leuchtbakterien**	Riesenspirillum in Schweinejauche, Syphiliserreger

3 In der nebenstehenden Abbildung ist die Vermehrung von Bakterien grafisch dargestellt.

a) Ermittle, in welchem Zeitraum sich die Bakterienzahl verdoppelt.

20 Minuten

b) Berechne die Anzahl der Bakterien nach 120 Minuten.

160

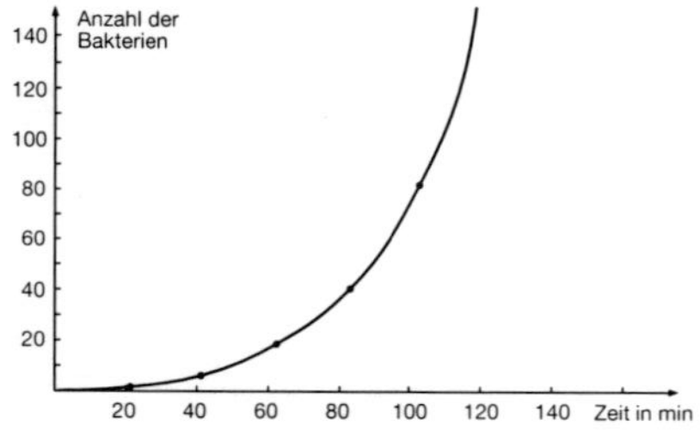

Arbeitsblatt — Bakterien sind allgegenwärtig

Auf der Erde gibt es kaum einen Platz, an dem keine Bakterien vorkommen. Im Körper von Lebewesen, aber auch in der Luft, im Wasser und im Boden finden wir sie. In den folgenden Abbildungen sind einige Beispiele dargestellt. Ergänze Vorkommen und Bedeutung dieser Bakterien.

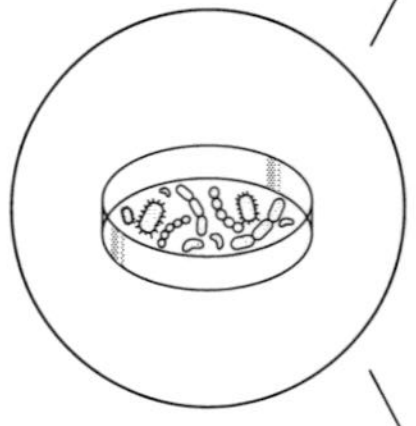

Wurzelknöllchenbakterien an den Wurzeln von Schmetterlingsblütengewächsen binden den Luftstickstoff → Pflanze kann auf Böden mit Stickstoffmangel wachsen

Milchsäurebakterien zur Gewinnung von Käse und Jogurt; Essigsäurebakterien zur Gewinnung von Essig

Bakterien im Boden zur Zersetzung organischer Pflanzen- und Tierreste

Bakterien im Magen von Wiederkäuern, zersetzen dort den Pflanzenstoff Zellulose

Bakterien können Abwässer reinigen, z. B. in Gewässern, gezielter Einsatz im Klärwerk

Methode – Eine Ausstellung planen und gestalten

1 Begründet, warum eine Ausstellung eine Bereicherung für den Biologie-Unterricht ist.

Ausstellungen sind sehr anschaulich. Man kann die Objekte in Ruhe betrachten. In der Regel kann man diese auch mal in die Hand nehmen. Durch die Struktur und das Ansprechen der verschiedenen Sinne bleiben die Inhalte besser im Gedächtnis haften. Auch die Ausstellenden haben etwas davon: sie mussten sich ganz intensiv mit dem Thema beschäftigen, entscheiden, welche Objekte sie zeigen wollen und andere bewusst weglassen.

Ausstellungen eignen sich ebenfalls, um Materialien zu zeigen, die vielleicht in der Schule nicht vorhanden sind. So könnten zum Beispiel privat gekaufte oder gesammelte Fossilien die häufig nur auf Nachbildungen beruhende Sammlung für einen kurzen Zeitraum ergänzen. Verhütungsmittel und Methoden lassen sich so ebenfalls besser darstellen als nur im Lehrbuch. Die Schüler können so zum Beispiel eine Spirale in Originalgröße anschauen.

2 Überlegt, wie sich die oben abgebildete Ausstellung erweitern ließe. Unterbreitet Vorschläge.

Man könnte die Ausstellung um weitere Produkte erweitern. Zu den Milchsäurebakterien würden auch noch Trinkjogurt, Buttermilch, Sauerrahm und Sauerkraut passen. Außerdem wären noch andere nutzbare Bakterien denkbar, zum Beispiel bei der Herstellung von Salami. Auch gentechnisch veränderte Bakterien, die heute Zitronensäure oder Labfermente herstellen, könnten erwähnt werden.

3 Wie könnte die Ausstellung zum Quiz in M3 heißen und aussehen?

Die Ausstellung könnte heißen: „Zuviel Zucker ist ungesund". Man könnte die entsprechenden Produkte und die Menge an Würfelzucker ausstellen. Günstig wäre es hier, erst den Schätzwert durch den Schüler eintragen zu lassen und dann den realen Wert in der Ausstellung zu erkunden.

4 Plant und gestaltet eine Ausstellung zu einem der folgenden Themen: Verhütungsmittel, Gesunde Ernährung, Mensch und Mikroorganismen.

Lösung je nach Schülervorschlägen und Thema.

Arbeitsblatt – Durch Bakterien ausgelöste Krankheiten

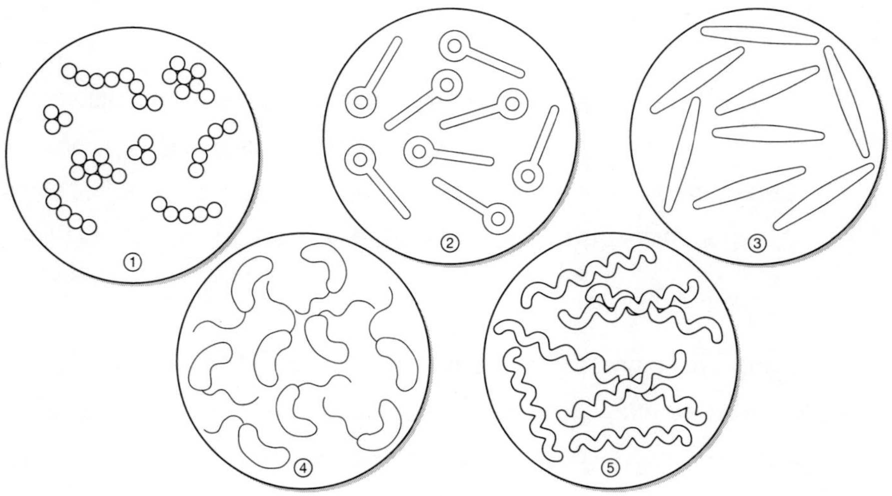

1 a) Ordne die abgebildeten Bakterienformen jeweils einer Infektionskrankheit sowie einer bestimmten Gruppe von Bakterien zu. Zur Auswahl stehen Wundstarrkrampf, Cholera, Bronchitis, Tuberkulose und Syphilis. Recherchiere in Fachbüchern oder dem Internet.

b) Nenne in Stichworten wichtige Symptome der Krankheiten. Fülle zur Beantwortung die Tabelle aus.

	Bakterienform	Krankheitsname	wichtige Symptome
①	**Kokken**	**Bronchitis**	**Schmerzen in Brust und Hals, Husten, Fieber**
②	**Stäbchen**	**Wundstarr-krampf**	**schmerzhafte Muskelkrämpfe, Fieber**
③	**Stäbchen**	**Tuberkulose**	**Husten, „Blut spucken", leichtes Fieber, Abmagerung**
④	**Vibrionen**	**Cholera**	**Schmerzen, Erbrechen, Durchfall**
⑤	**Spirochaeten**	**Syphilis**	**Rötung, Schmerzen, Knoten**

Arbeitsblatt Hefepilze und Schimmelpilze

1 Ergänze den folgenden Lückentext.

Zum Kuchenbacken benutzt man **Hefe**, die den Teig locker macht. Die **Hefe** besteht aus vielen kleinen, einzelligen **Pilzen**. Ihre Vermehrung erfordert, wie bei allen Lebewesen, Nahrung. Nur bei ca. 30 °C werden die Winzlinge aktiv und beginnen den **Traubenzucker** umzusetzen und aus ihm **Alkohol** zu machen. Dabei setzen die Pilze aus dem **Stoffabbau** Energie für ihre Lebensprozesse frei. Es entsteht das Gas **Kohlenstoffdioxid** das sich „mühsam durch den Teig quält". Es treibt den Teig auf und er kann gebacken werden. Diesen biologischen Vorgang nennt man **alkoholische Gärung**.

2 Nenne drei weitere Verfahren, bei denen Hefepilze benutzt werden.

Herstellung von Camembert

Bier brauen, Brot backen, Herstellung von Wein

3 Nenne die Namen der abgebildeten Pilze. Beschrifte die Teile.

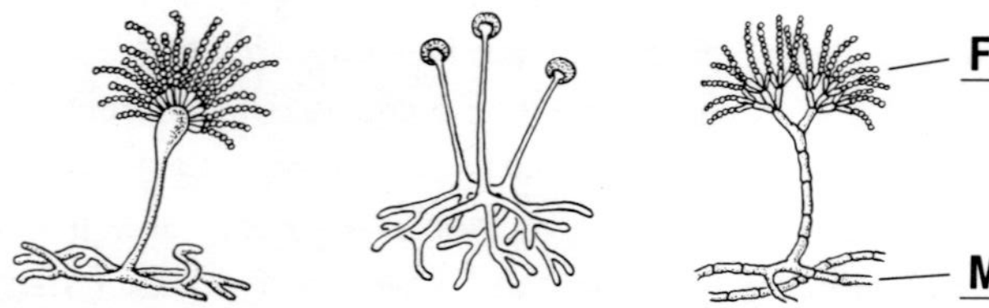

4 Stelle einen Zusammenhang zwischen Schimmelpilzen und folgenden Begriffen her.

Käse: **einige Käsearten wie Camembert und Roquefort werden mit bestimmten Pinselschimmeln geimpft**

Humus: **Produkt beim Abbau von Biomasse, an diesem sind Pilze beteiligt**

Penicillin: **Antibiotikum, das vom Pinselschimmel Penicillium notatum oder P. chrysogenum hergestellt wird**

Übung Bakterien und Pilze zersetzen organisches Material

Material:
Bodenproben, Cellulosefilterpapiere (Kaffeefilter), Petrischalen

Durchführung:
Lege in verschiedene Petrischalen je ein rund zugeschnittenes Filterpapier. Die Filter werden anschließend mit verschiedenen Waldbodenproben bis zum Rand bedeckt und gut durchfeuchtet. Verschließe nun jede Bodenprobe mit einem Deckel. Beschrifte jede Petrischale (Datum, Bodenfundort, Bodenart). Die Petrischalen werden über einen längeren Zeitraum (vier Wochen) abgedunkelt aufbewahrt. Steht ein Wärmeschrank zur Verfügung, so können die Petrischalen bei 25 bis 30 °C in ihm deponiert werden.

Information:
Filterpapier besteht überwiegend aus Cellulose. Cellulose ist ein Kohlenhydrat, das aus Traubenzuckermolekülen von Pflanzen aufgebaut wird.

Aufgaben:

1 Beobachte das Filterpapier alle zwei bis drei Tage und notiere jede Veränderung.

Als erstes treten Verfärbungen am Filterpapier auf, die mit der Zeit in Zersetzungen übergehen. Nach etwa drei bis vier Wochen ist das Filterpapier weitgehend zersetzt.

2 Vergleiche den Modellversuch mit Vorgängen im Waldboden.

Das Cellulosefilterpapier steht hier stellvertretend für den Bestandesabfall (z. B. Blätter), der ebenfalls überwiegend aus Cellulose besteht. Die Destruenten des Bodens, im Versuch vor allem Bakterien und niedere Pilze, zersetzen das Filterpapier bzw. den Bestandesabfall des Bodens.

3 Überlege dir einen Versuch, der beweist, dass die Bodenorganismen und nicht chemische Vorgänge die beobachtbaren Vorgänge bewirken. Löse diese Aufgabe im Hefter.

Man könnte den Versuch mit erhitzter und damit sterilisierter Erde und abgekochtem (sterilisiertem) Wasser durchführen. Erfolgt keine Zersetzung der Filterpapiere, so kann angenommen werden, dass die Bodenorganismen die Zersetzung durchführen.

Arbeitsblatt Das Immunsystem des Menschen

1 Beschreibe den dargestellten Verlauf einer Infektionskrankheit in deinem Hefter. Nutze dazu die Bildreihe A und das Diagramm B.
Verwende für die Beschreibung folgende Begriffe: Tröpfcheninfektion, Krankheitserreger, Inkubationszeit, Virenvermehrung, erste Symptome, Ausbruch der Krankheit, Immunsystem, Antikörper.

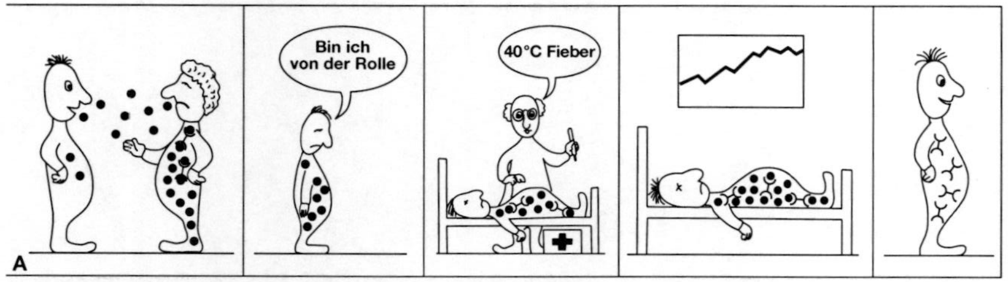

Über Tröpfcheninfektion gelangen die Krankheitserreger zu einem Gesunden. Nach der Ansteckung kommt es zur Virenvermehrung im Körper des Infizierten. Die Zeitspanne vom Eindringen eines Erregers in den Körper bis zu den ersten Symptomen nennt man Inkubationszeit. Fieber, Glieder- oder Kopfschmerzen zeigen den Ausbruch der Krankheit an. Das Immunsystem reagiert und bekämpft den Virus, z. B. mit Antikörpern. Die Krankheit ist dann überstanden. Antikörper gegen diesen Virus bleiben im Blut. Die Person ist immun.

2 Die Weißen Blutzellen erfüllen unterschiedliche Aufgaben bei der Abwehr von Krankheitserregern. Ergänze die Übersicht.

Fresszelle	T-Helferzelle	B-Zellen	T-Killerzellen	Gedächtniszelle
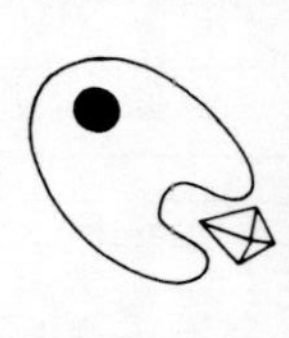	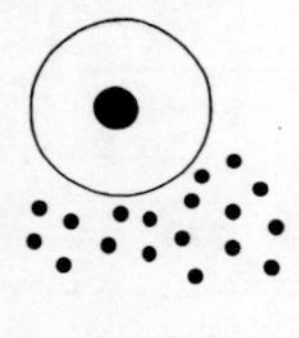			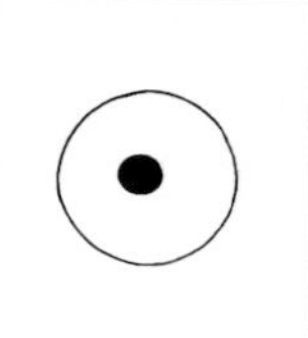
vernichtet Viren	informiert B-Zellen	stellen Antikörper her	vernichtet befallene Körperzellen	erkennt Virus bei neuem Befall, Alarm

Arbeitsblatt Impfstoffe werden unterschiedlich hergestellt

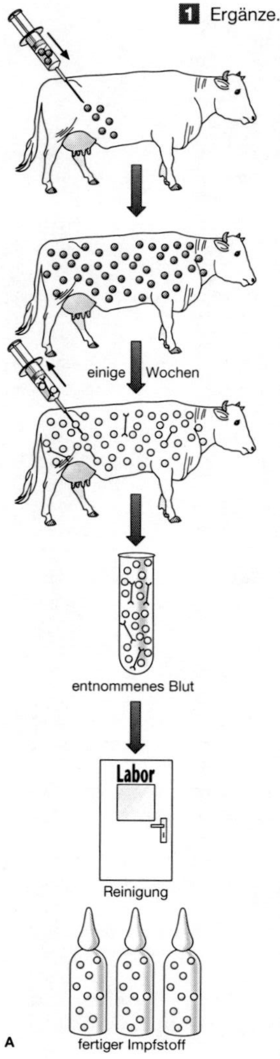

1 Ergänze. **A:** Das Tier wird mit infektiösen **Erregern** infiziert. Nach einigen Wochen werden dem Tier ______ **abgeschwächte Erreger** und **Antikörper** entnommen. Im Labor wird ein Impfstoff fertiggestellt, der **abgeschwächte** Erreger enthält. Er kann zur **aktiven** Immunisierung verwendet werden. Die dabei erreichte Immunität ist **dauerhaft**.

B: Das Tier wird mit **abgeschwächten** Erregern infiziert. Später werden dem Tier noch stärker abgeschwächte Erreger und viele **Antikörper** entnommen. Im Labor wird ein Impfstoff fertiggestellt, der **Antikörper** enthält. Er kann zur Heilimpfung bzw. **passiven** Immunisierung verwendet werden. Die dabei erreichte Immunität ist meist nur **von kurzer Dauer**.

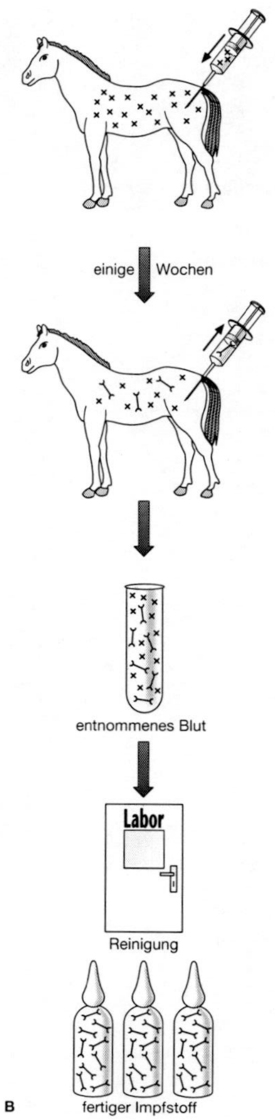

2 Welche Impfungen sind für Deutschland unbedingt empfehlenswert? Kreuze an.

- [x] Kinderlähmung
- [ ] Cholera
- [x] Wundstarrkrampf
- [x] Röteln
- [x] Mumps
- [ ] Grippe
- [ ] Gelbfieber
- [x] Diphtherie
- [ ] Pocken
- [ ] Tollwut
- [x] HPV (Mädchen)

Arbeitsblatt – Formenvielfalt bei Pflanzen

1 Ergänze alle fehlenden Begriffe im System der Pflanzen.

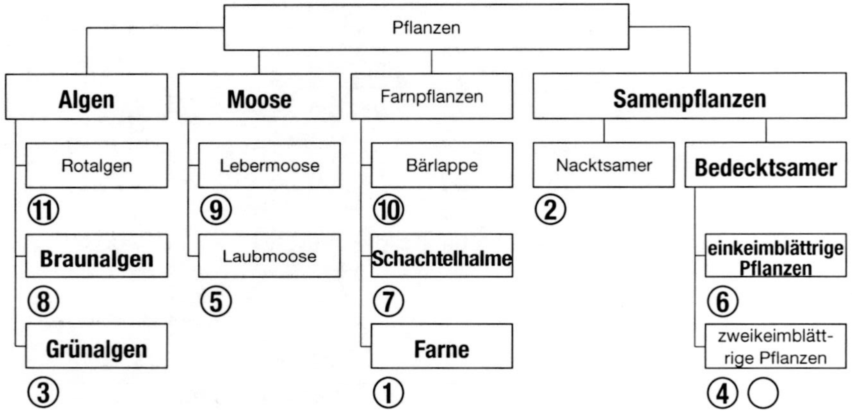

2 Ordne folgende Pflanzen der Übersicht zu, indem du die Ziffern in die vorgegebenen Kreise einträgst.

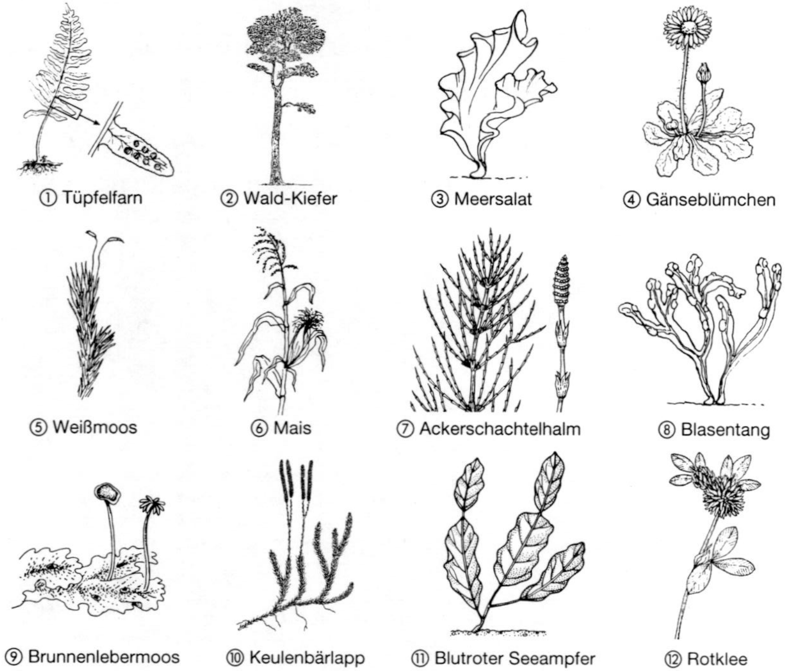

Übung – Wir bestimmen Lippenblütengewächse

Bestimme mit diesem Bestimmungsschlüssel die Gattungs- bzw. Artnamen der ausgebenen Pflanzen. Verwende für die Betrachtung der Blütenmerkmale eine Lupe.

1 Krone fast einlippig (Abb. 1) oder strahlig (Abb. 2) 2
1* Krone deutlich zweilippig 5

2 Krone fast einlippig 3
2* Krone fast strahlig 4

3 Oberlippe vorhanden, sehr kurz, Unterlippe mit drei Lappen (Abb.1) . . . . **Günsel**
3* Oberlippe fehlt völlig, Unterlippe mit fünf Lappen . . . . **Gamander**

4 Krone weiß, innen rot punktiert . . . . **Wolfstrapp**
4* Krone rot-violett, Staubblätter gleich lang . . . . **Minze**

5 zwei Staubblätter . . . . **Salbei**
5* vier Staubblätter 6

6 Oberlippe fast gerade, wenig Wölbung (Abb. 3) 7
6* Oberlippe deutlich gewölbt (Abb. 4) 10

7 alle Staubblätter oder wenigstens die zwei längeren ragen unter der Oberlippe hervor 8
7* Staubblätter nicht hervorragend 9

8 Kelch deutlich zweilippig, Blütenstände kopfförmig (Abb. 5) . . . . **Thymian**
8* Kelch hat fünf Zähne, Blütenstände rispenförmig (Abb. 6) . . . . **Dost**

9 Stängel kriechend, Blätter nierenförmig, Blüten am Stängel verteilt . . . . **Gundermann**
9* Stängel aufrecht, Blätter herz- bis eiförmig, Blüten am Stängelende . . . . **Katzenminze**

10 Unterlippe der Krone mit zwei aufrechten hohlen Höckern (Abb. 7) . . . . **Hohlzahn**
10* Unterlippe der Krone mit spitzen, manchmal sehr kleinen Seitenzipfeln (Abb. 8) 11

11 Krone gelb . . . . **Goldnessel**
11* Krone weiß oder rosa bis rot 12

12 Krone weiß . . . . **Weiße Taubnessel**
12* Krone rosa bis rot 13

13 Krone länger als 2 bis 3 cm, Unterlippe gefleckt, Gebüsche, Waldränder . . . . . **Gefleckte Taubnessel**
13* Krone kürzer als 2 cm, Unterlippe ohne Flecken, Gärten, Äcker . . . . **Purpurrote Taubnessel**

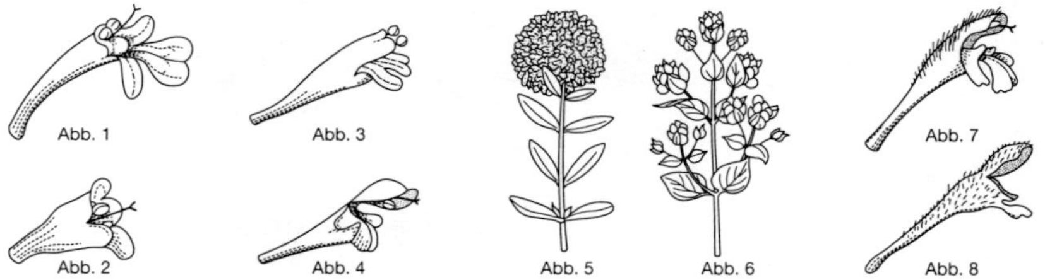

Arbeitsblatt – Bau und Funktion der Wurzel

1 Erstelle im Hefter eine Tabelle, in die du die gekennzeichneten Teile einer Wurzel und ihre Funktion(en) einträgst.

Teile der Wurzel:	Funktionen:
① **Rhizodermis**	**Abschluss und Schutz**
② **Wurzelhaarzelle**	**Aufnahme von Wasser und gelösten Nährsalzen**
③ **Wurzelrinde**	**Stoffspeicherung**
④ **Zentralzylinder**	**Ort der Siebzellen und Gefäße, Stofftransport**
⑤ **Endodermis**	**Regulation der Wasseraufnahme**
⑥ **Wurzelhaube**	**Schutz, Erhöhung der Gleitfähigkeit zum Vordringen in den Boden**
Ⓐ Wurzelspitze mit Zellteilungszone	**Bildung neuer Zellen**
und Zellstreckungszone	**Wachstum und Differenzierung von Zellen**
Ⓑ **Wurzelhaarzone**	**Verankerung im Boden, Aufnahme von Wasser und gelösten Nährsalzen**

2 Nenne drei Aufgaben von Wurzeln.

Verankerung im Boden, Wasser- und Nährsalzaufnahme, z. T. Speicherung

3 a) Beschrifte die Skizze zur Wasseraufnahme durch die Wurzel.
b) Zeichne den Weg des Wassers ein.

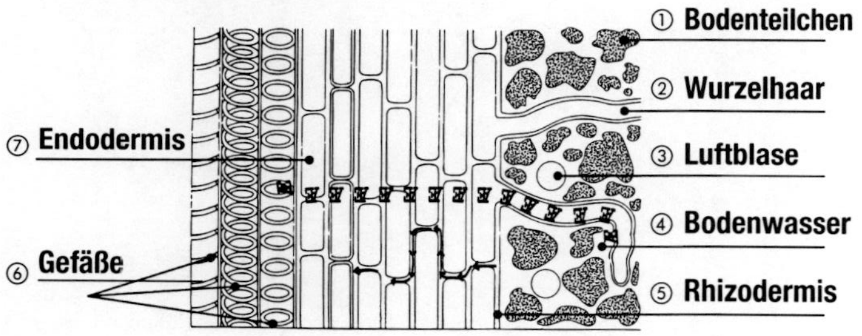

Arbeitsblatt – Bau und Funktion der Wurzel

4 Beschreibe im Hefter den Vorgang der Wasseraufnahme.

Die Wasseraufnahme der Pflanze erfolgt über die Wurzel. Der größte Teil des Wassers wird über die Wurzelhaarzellen zunächst in die Außenwände der Rhizodermiszellen aufgenommen. Diese Aufnahme erfolgt durch Diffusion. Von hier kann das Wasser auf zwei Wegen in den Zentralzylinder mit den Leitgefäßen gelangen: Zum Einen dringt das Wasser durch das Zellwandsystem der Wurzelrindenzellen bis zur Endodermis vor. Zum Anderen kann das Wasser osmotisch in die Rhizodermiszellen aufgenommen werden. Da das Bestreben der Rindenzellen, auf osmotischem Wege Wasser aufzunehmen, von außen nach innen zunimmt, wird das Wasser von Zelle zu Zelle bis zur Endodermis weiter geleitet. Beide Wege treffen also an der Endodermis zusammen. Die Endodermis wird durch einen aktiven Transport passiert und das Wasser gelangt in die Leitgefäße des Zentralzylinders.

Arbeitsblatt | Die Sprossachse

1 Die Abbildung zeigt den Querschnitt einer Sprossachse. Ordne den Ziffern die entsprechenden Begriffe zu.

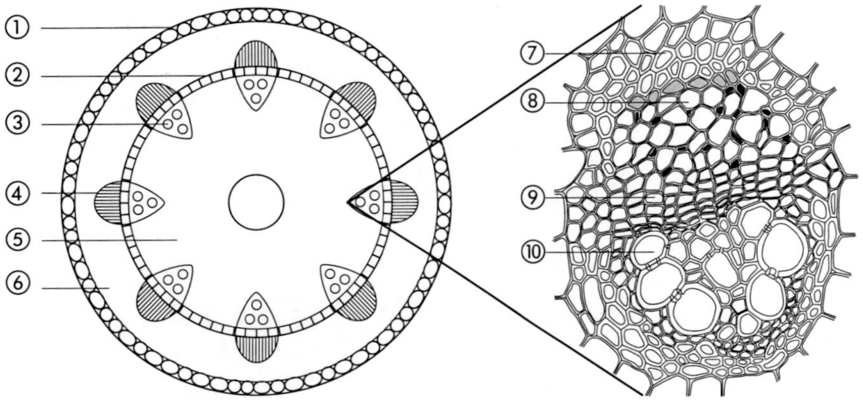

① **Stängelepidermis**
② **Zentralzylinder**
③ **Gefäßteil**
④ **Siebteil**
⑤ **Markgewebe**
⑥ **Rindengewebe**
⑦ **Festigungsgewebe**
⑧ **Siebzelle**
⑨ **Bildungsgewebe**
⑩ **Gefäßzelle**

2 Gib für folgende Teile der Sprossachse die Bedeutung an.

Siebteil: **Nährstoffe, z.B. Zucker, werden aus den Blättern in die Pflanze transportiert**

Gefäßteil: **Transport von Wasser und gelösten Nährsalzionen**

Bildungsgewebe: **Bildung neuer Zellen, Wachstum**

Festigungsgewebe: **gibt dem Leitbündel Stabilität**

Arbeitsblatt | Das Laubblatt

1 Zu welchen Bäumen gehören die folgenden Laubblätter?

Rotbuche

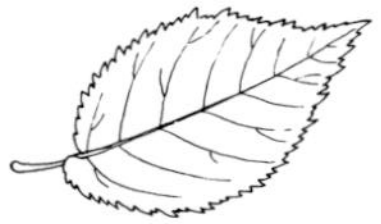
Ulme

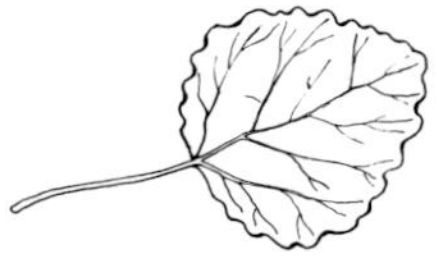
Zitterpappel (Espe)

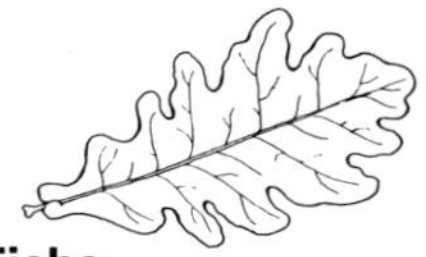
Eiche

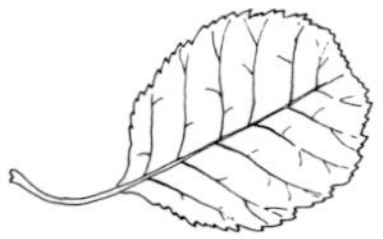
Erle

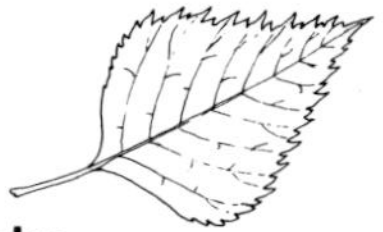
Birke

2 Beschrifte den Laubblattquerschnitt.

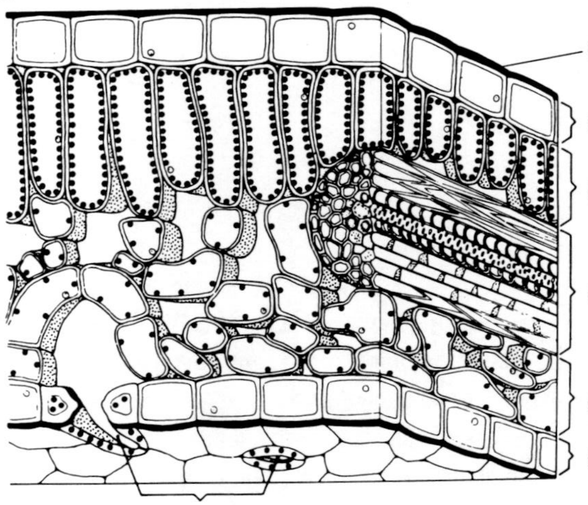

① **Cuticula**
② **obere Epidermis**
③ **Palisadengewebe**
④ **Leitbündel**
Schwammgewebe
⑤ **mit Interzellularen**
⑥ **untere Epidermis**
⑦ **Spaltöffnungen**

3 In welchen Blattzellen befinden sich Chloroplasten?

Palisadenzellen, Schwammzellen, Schließzellen

4 Beschreibe im Hefter den Gasaustausch durch die Spaltöffnungen.

Beim Gasaustausch durch die Spaltöffnungen wird Wasser in Form von Wasserdampf abgegeben. So wird der Transpirationssog aufrecht erhalten. Gleichzeitig wird Sauerstoff, ein Nebenprodukt der Fotosynthese, abgegeben. Für die Fotosynthese selbst wird als Ausgangsstoff Kohlenstoffdioxid aufgenommen. Der Gasaustausch wird über das Öffnen und Schließen der Spaltöffnungen reguliert.

Arbeitsblatt — Laubblätter sind vielgestaltig

1 Welche Besonderheiten zeigt der Blattquerschnitt einer Trockenpflanze?
Notiere Aussagen zu:

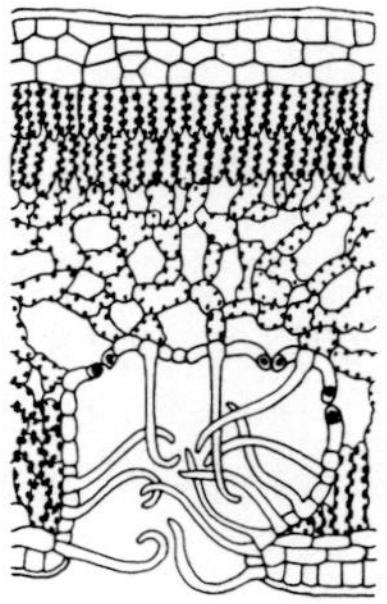

Blattdicke: **dickes Blatt**

Epidermis: **mehrschichtig**

Palisadengewebe: **mehrschichtig (2–3)**

Spaltöffnungen: **eingesenkt**

Haare: **tote Haare, weiß erscheinend durch Luftfüllung**

2 Es gibt sehr viele umgestaltete Blätter. Ergänze a) Funktion b) ein Beispiel.

Blattsukkulenz

a) **Speicherung**

b) **Mauerpfeffer**

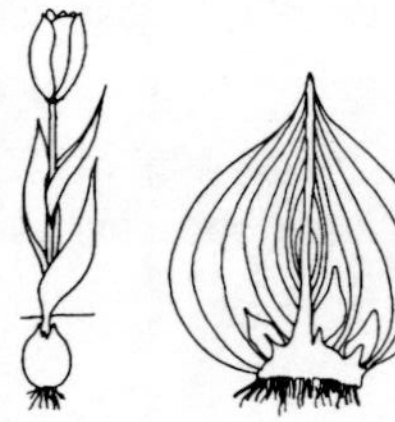

Zwiebel

a) **Speicherung**

b) **Tulpe**

Blattzisternen

a) **Speicherung**

b) **Bromelien**

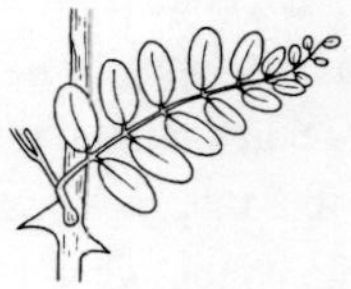

Blattdornen

a) **Abwehr**

b) **Robinie**

Blattranken

a) **Befestigung**

b) **Gartenerbse**

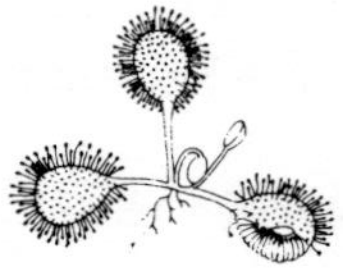

Blattorgane zum Tierfang

a) **zusätzliche Ernährung**

b) **Sonnentau**

Methode — Mikroskopieren und Zeichnen

1 Fertige nach der Anleitung in M3 ein Präparat vom Zwiebelhäutchen an.

Je nach Schülermaterial

2 Zeichne einen Ausschnitt von zwei Zellen aus deinem Präparat. Achte darauf, dass du alle Hinweise aus M1 beachtest. Orientiere dich an M2.

Die beiden Zellen sind langgestreckt. Man erkennt Zellwand, Zellplasma, Vakuole und eventuell einen Zellkern. Die Zellmembran kann ebenfalls beschriftet werden.

Arbeitsblatt – Pflanzen sind an bestimmte Umweltfaktoren angepasst

1 Zwischen dem Bau und den Leistungen eines Organismus besteht ein enger Zusammenhang. Dieser lässt sich auf der morphologischen und zellulären Ebene finden. Belege diese Aussage mit Hilfe von M1.

Bei der Tulpe finden sich in der äußeren Gestalt zum Beispiel längliche, zugespitzte Blätter. Außerdem gibt es eine verdickte Zwiebel, die aus mehreren Blattschichten besteht und fleischig ist.
Im Blatt befindet sich ein bestimmter Zelltyp. Diese Zellen sind sechseckig und tragen Chloroplasten. Die Pflanze betreibt mit dem Blättern Fotosynthese. Da dieser Prozess nur in den Chloroplasten ablaufen kann, ermöglicht also der hier vorliegende Zellbau die Funktion der Fotosynthese.
Die Zellen in der Zwiebel haben zwar dieselbe Form, aber eine ganz andere Funktion und deshalb einen anderen Feinbau. Sie verfügen nicht über Chloroplasten. Statt dessen besitzen sie eine sehr große Vakuole, in der Stoffe gespeichert werden können. Diese Speicherstoffe ermöglichen ein schnelles Austreiben im Frühjahr.

2 Werte M2 aus.

Die einzelnen Buchenblätter innerhalb eines Baumes sind ganz unterschiedlichen Lichtverhältnissen ausgesetzt. So erhalten Blätter im südlichen Kronenbereich 50 bis 100 Prozent Licht. In diesem Bereich sind die Blätter etwas kleiner und dicker. Man sieht im Querschnitt ein doppelschichtiges Palisadengewebe. Da hier viel Licht auf das Blatt trifft und die Strahlung hoch ist, kann dieses Licht auch in tiefere Blattschichten vordringen. Blätter im mittleren Helligkeitsbereich sind dagegen etwas größer und dünner als Sonnenblätter.
Schattenblätter wachsen im inneren Kronenbereich auf der Nordseite. Sie sind noch größer und dünner als die Blätter im mittleren Helligkeitsbereich. Das Palisadengewebe ist nur noch einschichtig und das Schwammgewebe ist auch eher schwach ausgebildet. Die große Blattfläche ist vorteilhaft, um das wenige Restlicht (25 bis 10 Prozent) aufzunehmen.

Arbeitsblatt – Die Fotosynthese

1 Beschrifte die Abbildung eines Chloroplasten. Verwende dazu folgende Begriffe: chlorophyllfreie Grundsubstanz, Membranstapel mit Chlorophyll, äußere Chloroplastenmembran, innere Chloroplastenmembran.

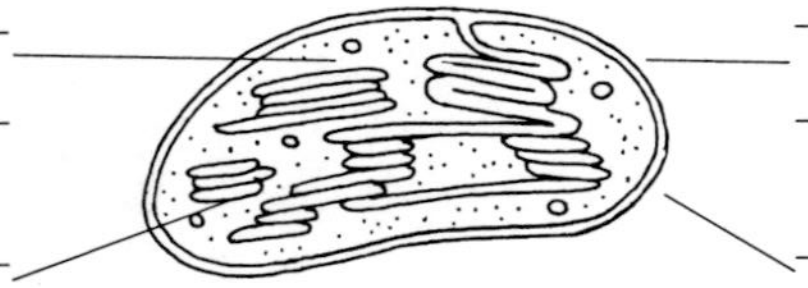

2 In einer Versuchsreihe will man herausfinden, welche Faktoren die Fotosynthese beeinflussen. Dazu hält man eine Wasserpestpflanze unter verschiedenen Bedingungen und misst jeweils die Menge an Sauerstoff, den die Pflanze produziert. Werte dazu die Tabelle aus.

Versuch	Beleuchtung	Wassertyp	Volumen O_2 in ml
A	Sonnenlicht	Leitungswasser	20
B	Sonnenlicht	abgekochtes Wasser	0
C	Sonnenlicht	Mineralwasser mit Kohlensäure	40
D	kein Licht	Leitungswasser	0

Für die Versuchsreihe zur Fotosynthese der Wasserpest wird in A Leitungswasser verwendet. Es enthält genügend Kohlenstoffdioxid. Wird mit Licht bestrahlt, sammelt sich Sauerstoff im Reagenzglas an.
In abgekochtem Wasser B kann die Wasserpest keine Fotosynthese betreiben. Hier fehlt der Ausgangsstoff Kohlenstoffdioxid.
Im Mineralwasser C verläuft der Fotosyntheseprozess dagegen besonders gut. Durch das reichliche Angebot an Kohlenstoffdioxid kann die Ausbeute an Sauerstoff noch gesteigert werden.
Beim vierten Reagenzglas D sammelt sich kein Sauerstoff an, denn ohne Licht als Energiequelle kann Fotosynthese nicht stattfinden.

3 Notiere die Wortgleichung und die Summengleichung für die Fotosynthese.

$$6\,CO_2 + 6\,H_2O \longrightarrow 6\,O_2 + C_6H_{12}O_6$$

Kohlenstoffdioxid + Wasser $\xrightarrow{\downarrow \text{Licht}}$ **Sauerstoff + Traubenzucker**

Methode — Demonstrationsexperimente zeigen und auswerten

1 Begründe die letzten drei Tipps zur Durchführung von Demonstrationsexperimenten.

Die Leserichtung verläuft bei Europäern von links nach rechts. Deshalb werden Experimente so aufgebaut, dass sie dem natürlichen Lesefluss folgen. So lassen sich die Experimente besser erfassen und merken.
Von den hinteren Bankreihen aus kann man dem Demonstrationsexperiment schlechter folgen. Ist die Apparatur etwas erhöht, haben alle eine gute Sicht und können selbst Beobachtungen machen. Alle werden in das Experiment einbezogen. Durch den Kontrast, den der Hintergrund bildet, kann man das zu beobachtende Objekt meist besser sehen. Helle Objekte werden vor einem dunklen Hintergrund gezeigt. Werden die Beobachtungen vorweggenommen, haben die anderen Schüler nichts mehr zu tun, sie können nicht mehr einbezogen werden. Dann ist der Aufwand eines Demonstrationsexperimentes nicht mehr gerechtfertigt, da das unmittelbare Selbsterleben fehlt.

2 Ordne die in M3 abgebildeten Demonstrationsversuche einem Stoffgebiet/Inhalt der Biologie zu. Beschreibe jeweils die zu erwartende(n) Beobachtung(en) und werte beide Versuche kurz aus.

Bei Versuch A geht es um die Fotosynthese bei Pflanzen. Hier wird Wasserpest in einem Becherglas mit Wasser belichtet.
***Beobachtungen:* An den frisch angeschnittenen Stängelenden treten farblose Gasblasen aus, die sich im oberen Teil des Trichters ansammeln.**
***Auswertung:* In Versuch A entsteht das farblose Gas Sauerstoff. Es sammelt sich im oberen Teil des umgedrehten Trichters und verdrängt das Wasser. Man könnte über den Trichter noch ein Reagenzglas halten, den Quetschhahn öffnen und das Gas auffangen. Dreht man das Reagenzglas dann um und prüft mit einem glimmenden Holzspan das aufgefangene Gas, sieht man ein Aufglimmen aufgrund des gebildeten Sauerstoffs. Pflanzen bilden also mit Hilfe von Licht und Chlorophyll Glucose und Sauerstoff.**

Bei Versuch B geht es um das Vorhandensein von Nährstoffen in Lebensmitteln, speziell um den Nachweis von Stärke in Banane und Kartoffel. Dazu verwendet man das Nachweismittel Iod-Kaliumiodid-Lösung, das man auf das zu prüfende Lebensmittel tropft.
***Beobachtungen:* Sowohl bei der Kartoffel als auch bei der Banane sieht man eine schwarz-blaue Färbung.**
***Auswertung:* Bei Versuch B wurde in beiden Lebensmitteln das Kohlenhydrat Stärke nachgewiesen. Diese färbt sich mit bräunlicher Iod-Kaliumiodid-Lösung blau bis schwarz-violett.**

Arbeitsblatt — Die Bedeutung der Fotosynthese

1 Unterstreiche in dem Text alle Fehler und notiere am Rand die Berichtigung.

Fotosynthese gibt es schon seit vier Millionen Jahren. Die ersten Organismen, — **Milliarden**
die Fotosynthese betrieben, waren die Landpflanzen. Durch sie entstand eine — **Wasserpflanzen**
Sauerstoff haltige Atmosphäre und indirekt die Ozonschicht. Neben dem
Sauerstoff entsteht bei der Fotosynthese noch Wasser. Da alle Tiere und der — **Traubenzucker**
Mensch trinken müssen, sind wir also von der Fotosynthese abhängig. Der — **sich ernähren**
Fotosynthese verdanken wir auch unsere Brennstoffe wie Holz, Kohle und
Uran. Pflanzen liefern uns Rohmaterialien und sogar Medikamente (z. B. das — **z. B. Torf**
Penicillin). Pflanzen gestalten die Erdoberfläche und sind wichtig für die Erholung. — **Herzmittel**
Bei der Regulation des Klimas spielen sie keine Rolle. — **eine**

2 Die Abbildungen zeigen dir Pflanzen und verschiedene Folgeprodukte der Fotosynthese, die vom Menschen genutzt werden.
a) Benenne die Pflanzen.
b) Benenne die gebildeten Stoffe.
c) Gib Nutzungsmöglichkeiten durch den Menschen an.

a) **Zuckerrübe**	a) **Weizen und Roggen**	a) **Fingerhut**
b) **Zucker (Saccarose)**	b) **Stärke**	b) **Glykoside**
c) **zum Süßen von Speisen und Getränken als Konservierungsmittel für Marmelade**	c) **zur Herstellung von Mehl und Backwaren; modernes Verpackungsmaterial**	c) **zur Herst. von Herzmitteln; in der Homöopathie auch bei Harnbeschwerden und Nierenschwäche; Umschläge fördern die Wundheilung**

Methode – Versuche durchführen und protokollieren

1 Werte das abgebildete Beispielprotokoll aus.

Gut gelungen ist: übersichtliche Gliederung des Protokolls, Name und Klasse des Protokollanten ist angegeben, Materialliste ist vollständig, Durchführung ist anschaulich dargestellt, die Beobachtungen und die Auswertung ist vollständig. Verbessern könnte man: die Durchführung noch mit Stichpunkten ergänzen, evt. schon eine Vermutung über das zu erwartende Ergebnis vor dem Durchführen des Experimentes aufstellen.

2 Untersuche, ob in Apfel, Gurke, roher Kartoffel und Banane Glukose enthalten ist. Plane dazu einen Versuch, führe ihn durch und halte die Ergebnisse in einem Protokoll fest.

Protokoll:

Thema: **Nachweis von Traubenzucker**

Aufgabe: **Prüfe, ob in Apfel, Gurke, roher Kartoffel und Banane Glukose enthalten ist.**

Material: **Messer, Apfel, Gurke, rohe Kartoffel, Banane, Glukoseteststreifen aus der Apotheke**

Durchführung: **Die Proben werden frisch angeschnitten und jeweils mit einem Teststreifen geprüft. Dazu drückt man den Teststreifen an die Schnittfläche und zählt langsam bis 5. Nach einer Minute vergleicht man mit der Farbskala.**

Beobachtung:
Apfel – Teststreifen wird kräftig grün
Gurke – Teststreifen bleibt gelb
rohe Kartoffel – Teststreifen bleibt gelb
Banane – Teststreifen wird leicht grün

Auswertung: **Banane und Apfel enthalten Traubenzucker**

Arbeitsblatt – Pflanzen atmen auch

1 Die Abbildung zeigt ein Experiment mit **keimenden** Kressesamen.
a) Beschreibe den dargestellten Versuch im Hefter.

Auf einen kleinen Blumentopf mit jungen Kressepflanzen wurde ein Uhrdeckelglas mit einem Tropfen Kalkwasser (Kalziumhydroxid) auf der Unterseite gelegt. Nach einiger Zeit ist eine Trübung des Kalkwassertropfens zu beobachten.

b) Erkläre die Trübung des Kalkwassertropfens.

Kalkwasser ist ein Nachweismittel für Kohlenstoffdioxid. Die Pflanzen geben Kohlenstoffdioxid ab, Kalk fällt aus (Entstehung von Kalziumcarbonat und Wasser).

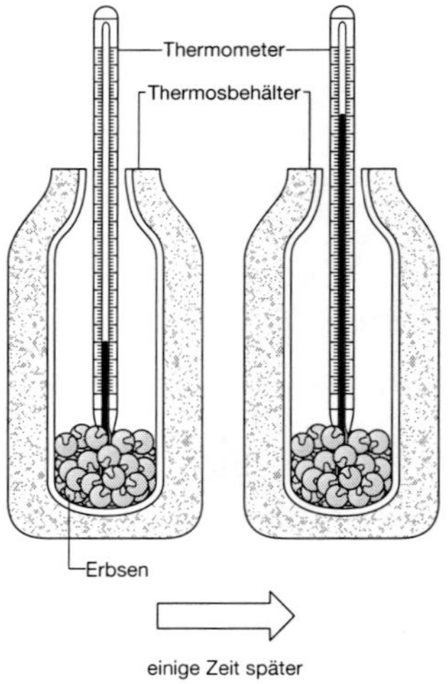

2 Befinden sich im Thermosbehälter keimende oder abgestorbene Erbsen? Begründe deine Entscheidung.

Im Thermosbehälter befinden sich keimende Erbsen. Sie betreiben Zellatmung und geben Atmungswärme an die Umgebung ab. Das ist am gestiegenen Temperaturwert erkennbar. Die Reaktion ist exotherm.

3 Äpfel, die in gut belüfteten, warmen und feuchten Räumen gelagert wurden (Äpfel A), sind weniger süß als solche, die in kühlen, trockenen Lagerhallen mit erhöhter Kohlenstoffdioxidkonzentration aufbewahrt wurden (Äpfel B). Erkläre diesen Befund.

Äpfel A haben einen höheren Stoffwechsel und bauen Zucker durch Atmung ab. Ist es dagegen kühler, sind die Stoffwechselprozesse langsamer. Außerdem ist Kohlenstoffdioxid ein Produkt der Zellatmung und hemmt in größerer Menge den Stoffabbau.

Pinnwand – Reizbarkeit

1 Reizbarkeit ist ein Kennzeichen aller Lebewesen. Erkläre den Begriff und nenne zwei Beispiele aus dem Tierreich.

Reizbarkeit ist die Fähigkeit, Umweltreize wahrzunehmen und darauf zu reagieren. Z. B.: der Regenwurm kriecht in die Erde; die Schnecke zieht sich bei Berührung ins Haus zurück.

2 Erdnuss und Zymbelkraut stecken ihre Früchte in die Erde. Nenne den Reiz, der diesen Vorgang berwirkt und gib die Bedeutung an.

Der Reiz ist das Licht. Als Reaktion erfolgt ein Abwenden vom Licht. Damit können die Samen an gleicher Stelle aufgehen und haben einen günstigen Keimort.

3 Pflanzen können mit gerichteten Bewegungen, den Tropismen auf Reize reagieren. Nenne zu den folgenden Abbildungen den Reiz und gib kurz die Reaktion an.

Licht: Die Pflanze wächst mit der Sprossspitze zum Licht.

Schwerkraft: Die Wurzel wächst zur Erdmitte, die Sprossachse entgegengesetzt.

Berührung: Die Pflanze wächst um die Stange.

4 Pflanzen können auch ungerichtete Bewegungen, so genannte Nastien ausführen. Ergänze dazu die folgenden Sätze:

Die Mimose klappt ihre Blätter nach unten bei **Berührung und Erschütterung.**

Tulpenblüten öffnen und schließen sich durch **Licht und Temperatur.**

Arbeitsblatt – Fortpflanzung und Verbreitung von Samenpflanzen

1 Erläutere am Beispiel der in M1 beschriebenen Orchideenblüte den speziellen Bau und die Fortpflanzung dieser Pflanze.

Der Zusammenhang zwischen dem Bau und der Funktion lässt sich zum Beispiel anhand der Nektarproduktion begründen. Die Blüte produziert Nektar und bietet diesen im Sporn an. Die Funktion ist das Anlocken der bestäubenden Insekten wie Hummeln oder Bienen. Auch der besondere Bau der Pollenpakete, die zu einem Kölbchen mit Stiel und Klebscheibe verpackt sind, dient einer besonderen Funktion. Die Pakete können bei einer einmaligen Berührung am Kopf des Insektes kleben bleiben. Sie erreichen so mit größerer Wahrscheinlichkeit die Narbe einer zweiten Blüte.

Bei der Fortpflanzung handelt es sich um geschlechtliche Fortpflanzung. Die Samenzellen befinden sich in den Pollenpaketen. Die Eizelle liegt im Fruchtknoten. Nach der Bestäubung wächst ein Pollen zum Pollenschlauch aus. Es kommt im Fruchtknoten zum Verschmelzen von Ei- und Samenzelle. Damit ist die Befruchtung abgeschlossen.

2 Ordne den in M2 gezeigten Früchten den richtigen Namen und Fruchttyp zu. Zur Auswahl stehen:
a) Ahorn, Erbse, Mohn, Kirsche, Raps
b) Schote, Hülse, Porenkapsel, Steinfrucht und Spaltfrucht.

① **Ahorn – Spaltfrucht**
② **Raps – Schote**
③ **Mohn – Porenkapsel**
④ **Erbse – Hülse**
⑤ **Kirsche – Steinfrucht**

3 Erläutere, durch welche Mechanismen die abgebildeten Früchte verbreitet werden.

Ahorn – Flugfrucht / Wind
Raps – Selbstverbreitung / Ausstreuen
Mohn – Selbstverbreitung / Ausstreuen
Erbse – Selbstverbreitung / Tierverbreitung
Kirsche – Tierverbreitung, zum Beispiel Vögel

Arbeitsblatt — Stellung der Pflanzen in der Natur

1 Ordne den Buchstaben die entsprechenden Vorgänge zu.

A **Atmung, Abgabe von Kohlenstoffdioxid**
B **Fotosynthese, Abgabe von Sauerstoff**
C **Blatt (Produzent) wird von Raupe (Konsument 1. Ordnung) gefressen; Aufnahme von Biomasse**
D **Fotsynthese, Abgabe von Sauerstoff**
E **Atmung, Abgabe von Kohlenstoffdioxid**
F **Atmung und Gärung, Abgabe von Kohlenstoffdioxid**
G **Fotosynthese, Abgabe von Sauerstoff; Zersetzung von Biomasse**
H **Ausscheidungen bzw. tote Organismen werden von Destruenten zersetzt**
I **Abgabe von Kohlenstoffdioxid, Wasser und Mineralsalzen; diese können von Produzenten wieder aufgenommen werden**
J **Konsument 1. Ordnung wird von Konsumenten 2. Ordnung gefressen; Weitergabe von Biomasse in der Nahrungskette**

2 Kennzeichne alle Pfeile schwarz, die zum Kohlenstoffkreislauf gehören.

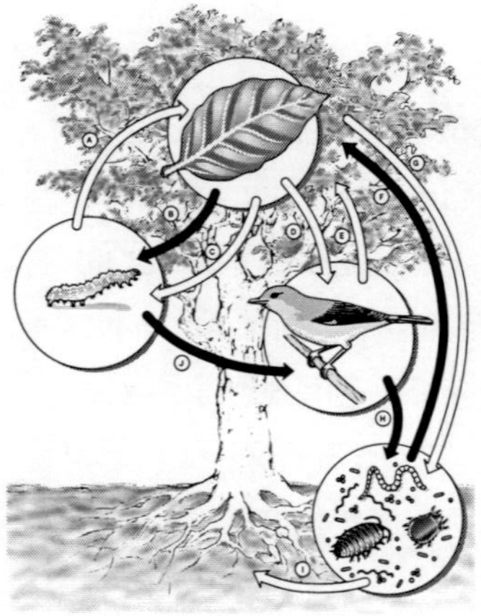

3 Erläutere die Begriffe „autotroph“ und „heterotroph“ mit Hilfe der abgebildeten Organismen.

autotroph: Organismen, die ihre organischen Stoffe aus anorganischen, körperfremden Stoffen aufbauen. Hier als Beispiel der Baum als Produzent.
heterotroph: Organismen, die ihre körpereigenen organischen Stoffe aus körperfremden organischen Stoffen gewinnen. Hier zum Beispiel Raupe, Singvogel, Assel und andere Bodenorganismen.

4 Beurteile die Stellung der Pflanzen in der Natur.

Pflanzen als Produzenten sind die Grundlage für alle anderen Lebewesen. Sie stellen sowohl Biomasse als auch Sauerstoff her. Ohne sie sind Konsumenten und Reduzenten nicht überlebensfähig.

Übung — Stoffwechselprozesse im Überblick

1 Ergänze mit Hilfe der folgenden Begriffe die Übersicht: Stoff- und Energiewechsel, heterotrophe Assimilation, Atmung, Gärung, Dissimilation, alkoholische Gärung, Milchsäuregärung, autotrophe Assimilation, Fotosynthese.

- **Stoff- und Energiewechsel**
  - Assimilation
    - **autotrophe Assimilation**
      - **Fotosynthese**
    - **heterotrophe Assimilation**
  - **Dissimilation**
    - **Atmung**
    - **Gärung**
      - **alkoholische Gärung**
      - **Milchsäuregärung**

2 Lurche, Kriechtiere und viele Insekten suchen im Herbst Kompost- und Laubhaufen auf. Erkläre dieses Verhalten im Hefter.

Lurche, Kriechtiere und Insekten sind wechselwarm; das Absinken der Körpertemperatur unter 0 °C ist lebensgefährlich. Kompost- und Laubhaufen: Fäulnis- und Verwesungsprozesse erzeugen Wärmeenergie.

3 Stelle Atmung und Fotosynthese gegenüber. Bearbeite dazu die folgende Tabelle.

	Atmung	Fotosynthese
Vorkommen	**Zellen mit Mitochondrien**	**grüne Pflanzen selten fotoautotrophe Bakterien**
Ort	**Mitochondrium, Zellplasma**	**Chloroplast**
Ausgangsstoffe	**energiereiche, organische Stoffe Glucose**	**energiearme, anorganische Stoffe (CO_2, H_2O)**
Bedingung(en)	**aerob (mit Sauerstoff)**	**Lichtenergie, Chlorophyll**
Endprodukte	**energiearme Stoffe**	**energiereiche, organische Stoffe ($C_6H_{12}O_6$) und energiearme, anorganische Stoffe (O_2)**
Energiemenge	**viel Energie wird frei**	**viel Energie wird gebunden**

Name:

9

Zahlen verbinden

1	2	3	4	5	6	7	8	9	10	11	12	13	14	15	16

Name:

11

Zahlenmuster: 1 – 6

Verteile die Zahlen so in die Kreise,
dass Nachbarzahlen keine direkte Verbindung haben.

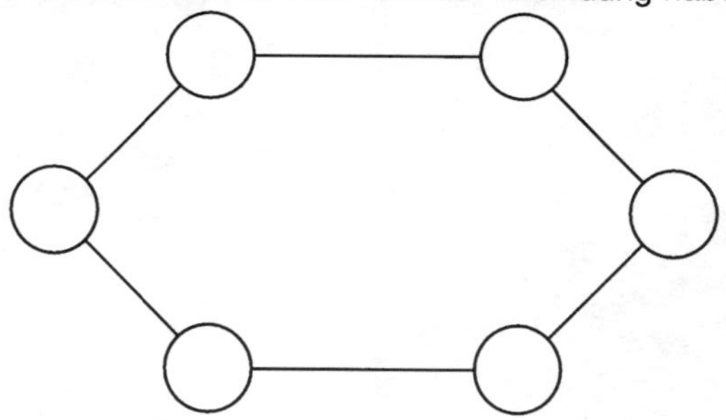

1	2	3	4	5	6	7	8	9	10	11	12	13	14	15	16

Name:

10

Schlangenrechnen

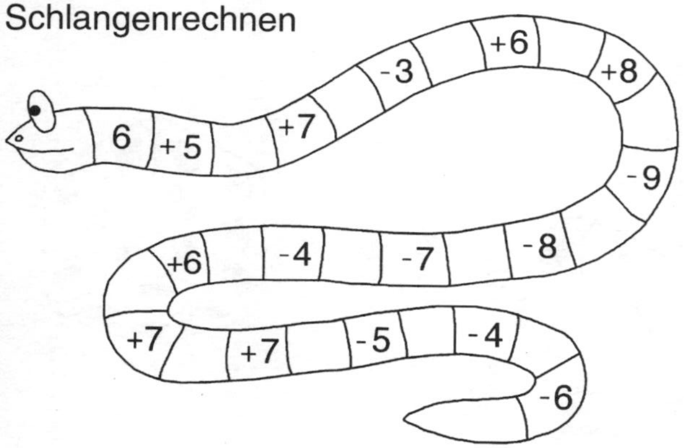

1	2	3	4	5	6	7	8	9	10	11	12	13	14	15	16

Name:

12

Die fünfte Zahl

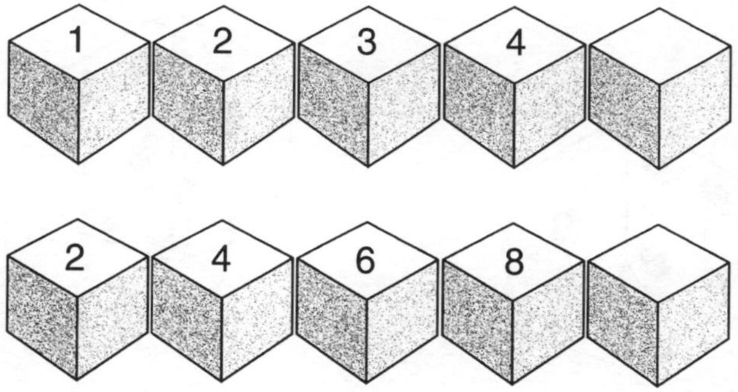

1	2	3	4	5	6	7	8	9	10	11	12	13	14	15	16

Die versteckten Punkte

Schreibe unter jeden Würfel, wie viele Punkte versteckt sind.

1

Die versteckten Punkte

Schreibe unter jeden Würfel, wie viele Punkte versteckt sind.

2

Die versteckten Punkte

Schreibe unter jeden Würfel, wie viele Punkte versteckt sind.

3

Die versteckten Punkte

Schreibe unter jeden Würfel, wie viele Punkte versteckt sind.

4

Die versteckten Punkte

Schreibe unter jeden Würfel, wie viele Punkte versteckt sind.

5

Die versteckten Punkte

Schreibe unter jeden Würfel, wie viele Punkte versteckt sind.

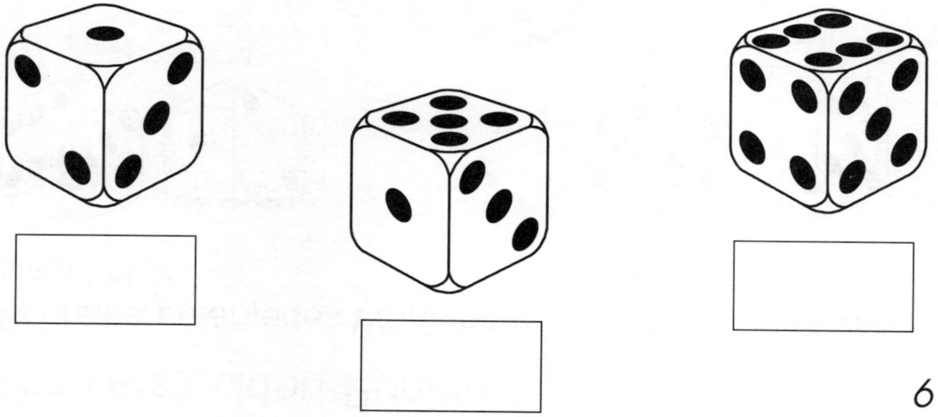

6

Die versteckten Punkte

Schreibe unter jeden Würfel, wie viele Punkte versteckt sind.

7

Die versteckten Punkte

Schreibe unter jeden Würfel, wie viele Punkte versteckt sind.

8

Die versteckten Punkte

Schreibe unter jedes Würfelpaar, wie viele Punkte versteckt sind.

9

Die versteckten Punkte

Schreibe unter jedes Würfelpaar, wie viele Punkte versteckt sind.

10

Die versteckten Punkte

Schreibe unter jedes Würfelpaar, wie viele Punkte versteckt sind.

11

Die versteckten Punkte

Schreibe unter jedes Würfelpaar, wie viele Punkte versteckt sind.

12

Die versteckten Punkte

Schreibe unter jedes Würfelpaar, wie viele Punkte versteckt sind.

13

Die versteckten Punkte

Schreibe unter jedes Würfelpaar, wie viele Punkte versteckt sind.

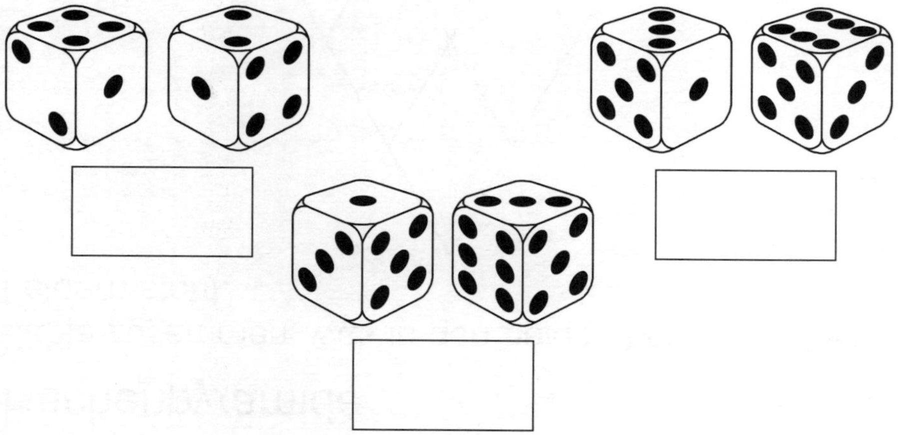

14

Die versteckten Punkte

Schreibe unter jedes Würfelpaar, wie viele Punkte versteckt sind.

15

Die versteckten Punkte

Schreibe unter jedes Würfelpaar, wie viele Punkte versteckt sind.

16

Rechenpyramide

Zähle zusammen, was in den beiden benachbarten Feldern steht.

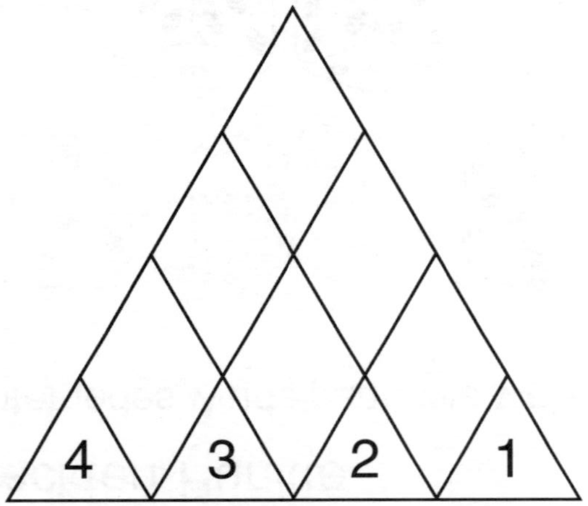

1

Rechenpyramide

Zähle zusammen, was in den beiden benachbarten Feldern steht.

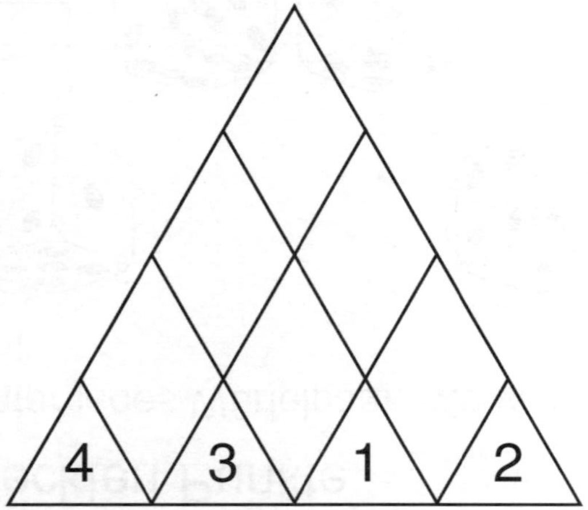

2

Rechenpyramide

Zähle zusammen, was in den beiden benachbarten Feldern steht.

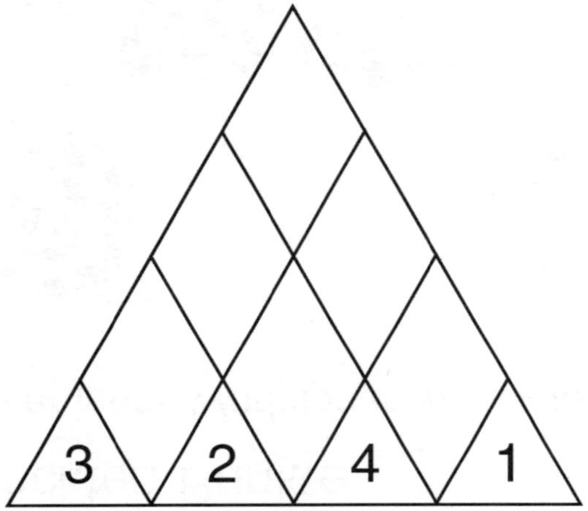

3

Rechenpyramide

Zähle zusammen, was in den beiden benachbarten Feldern steht.

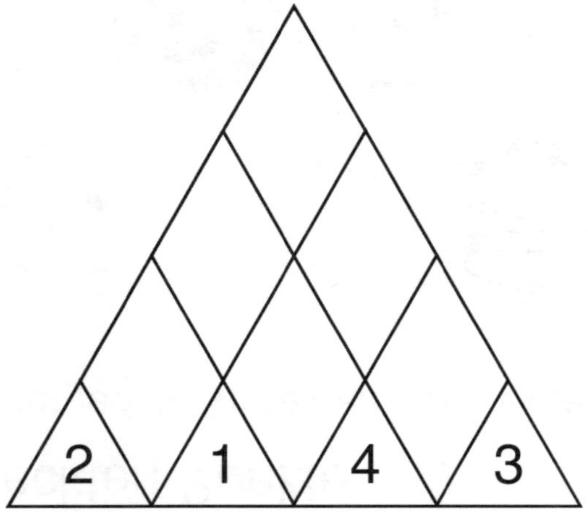

4

Rechenpyramide

Zähle zusammen, was in den beiden benachbarten Feldern steht.

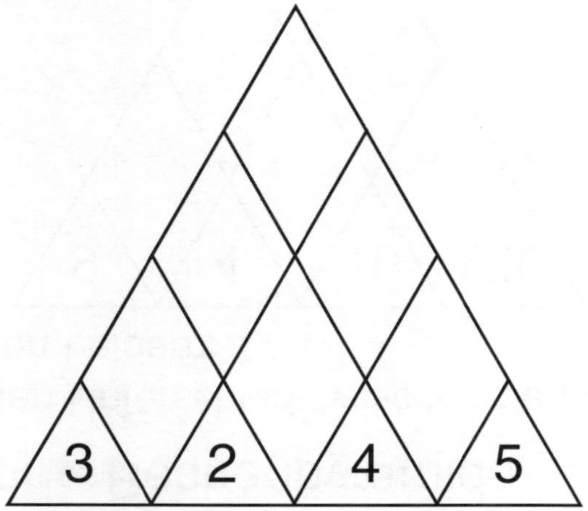

5

Rechenpyramide

Zähle zusammen, was in den beiden benachbarten Feldern steht.

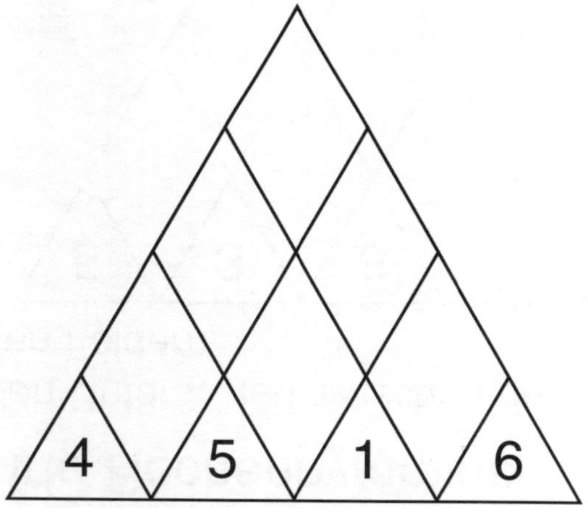

6

Rechenpyramide

Zähle zusammen, was in den beiden benachbarten Feldern steht.

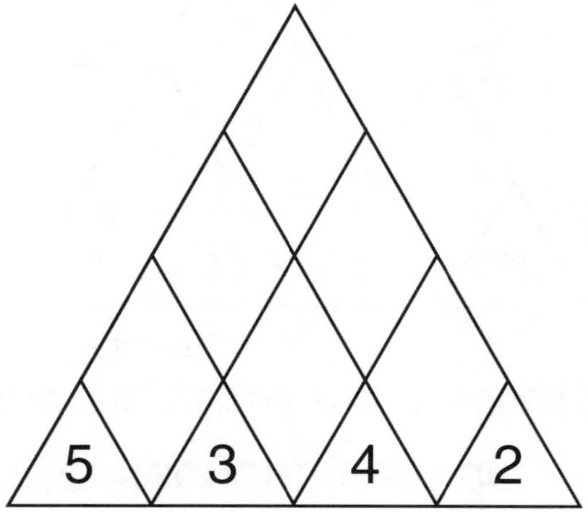

7

Rechenpyramide

Zähle zusammen, was in den beiden benachbarten Feldern steht.

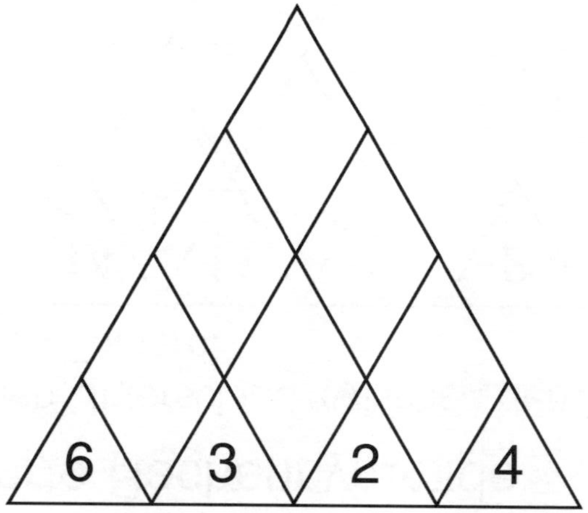

8

Umgekehrte Rechenpyramide

Berechne den Unterschied zwischen den Zahlen in den benachbarten Feldern.

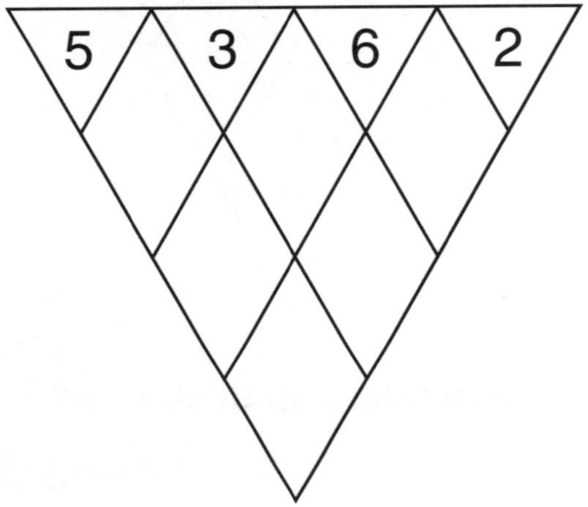

9

Umgekehrte Rechenpyramide

Berechne den Unterschied zwischen den Zahlen in den benachbarten Feldern.

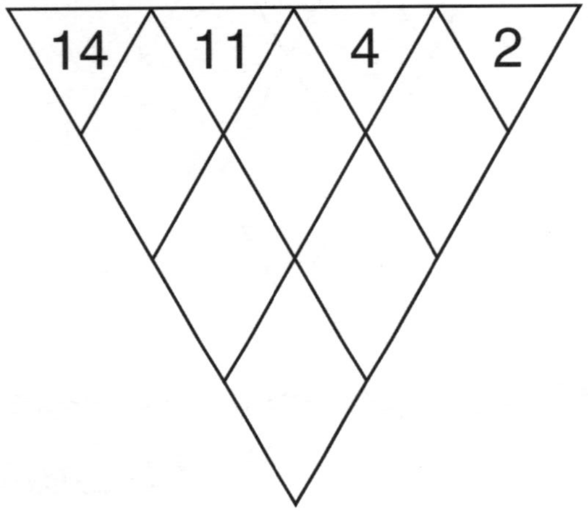

11

Umgekehrte Rechenpyramide

Berechne den Unterschied zwischen den Zahlen in den benachbarten Feldern.

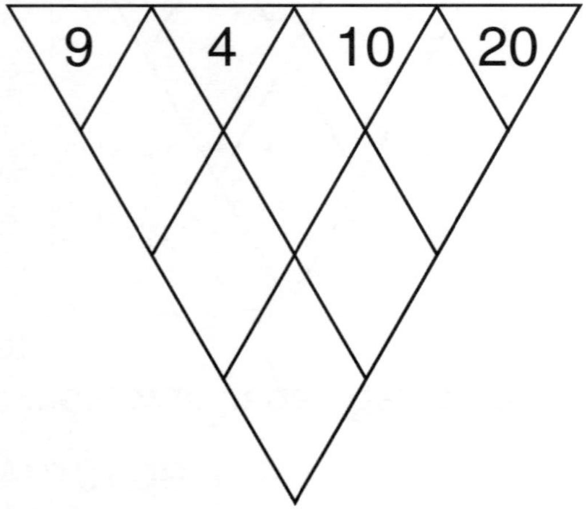

10

Umgekehrte Rechenpyramide

Berechne den Unterschied zwischen den Zahlen in den benachbarten Feldern.

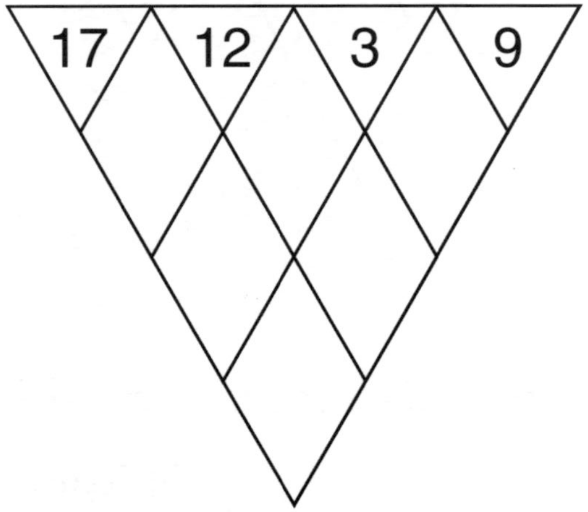

12

Umgekehrte Rechenpyramide

Berechne den Unterschied zwischen den Zahlen in den benachbarten Feldern.

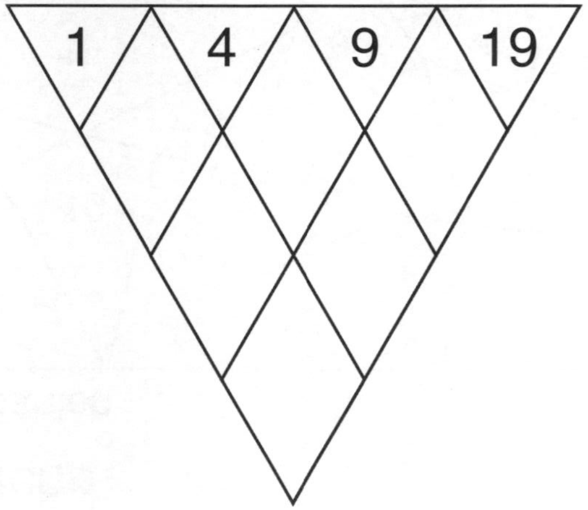

13

Umgekehrte Rechenpyramide

Berechne den Unterschied zwischen den Zahlen in den benachbarten Feldern.

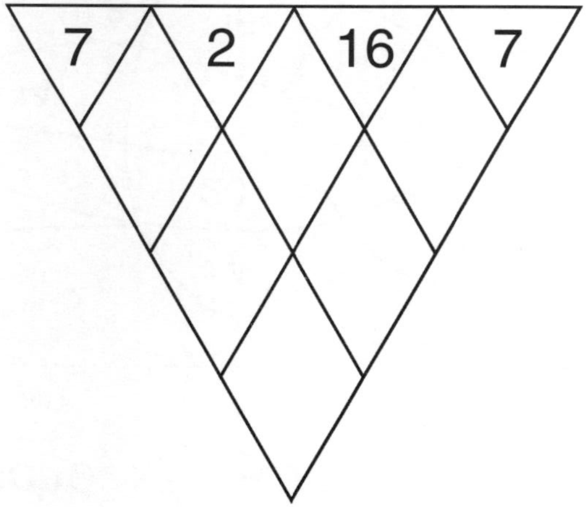

14

Umgekehrte Rechenpyramide

Berechne den Unterschied zwischen den Zahlen in den benachbarten Feldern.

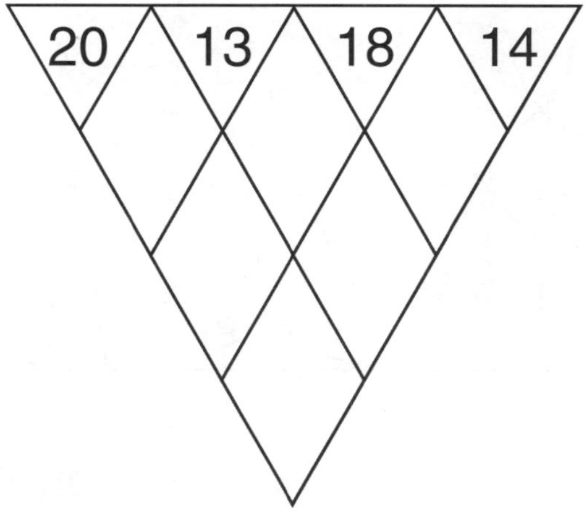

15

Umgekehrte Rechenpyramide

Berechne den Unterschied zwischen den Zahlen in den benachbarten Feldern.

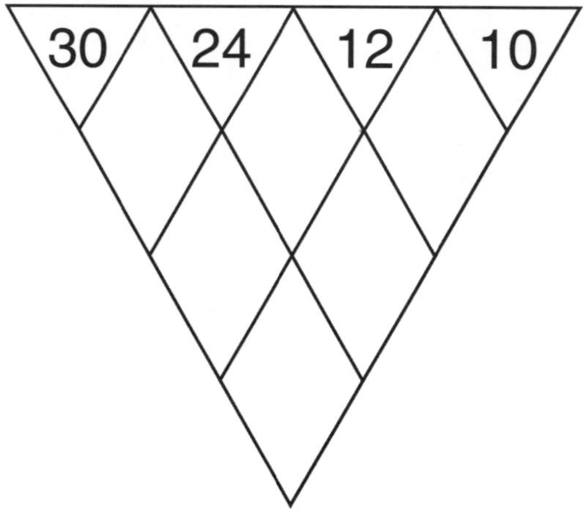

16

Zahlensuche

Gerade Zahlen

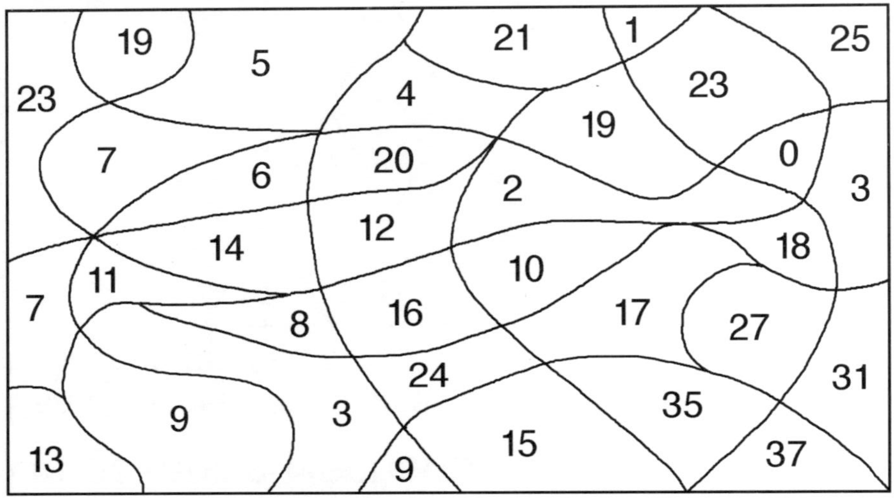

1

Zahlensuche

> 9

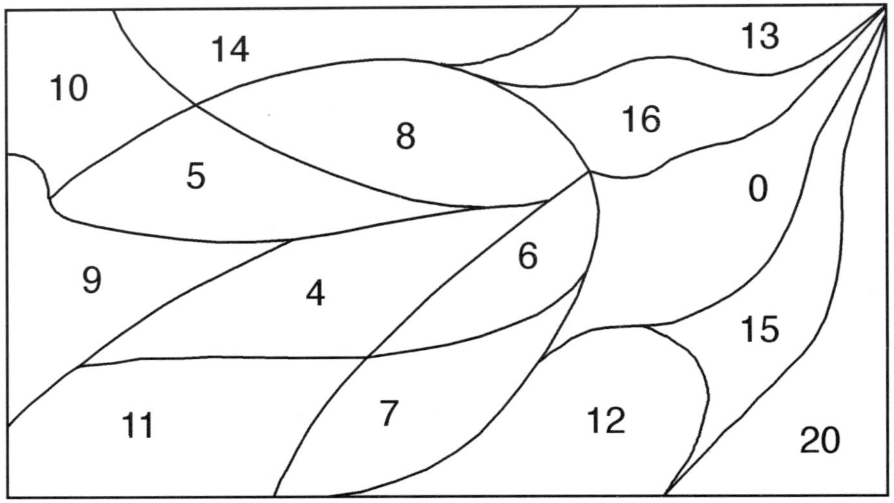

3

Zahlensuche

Ungerade Zahlen

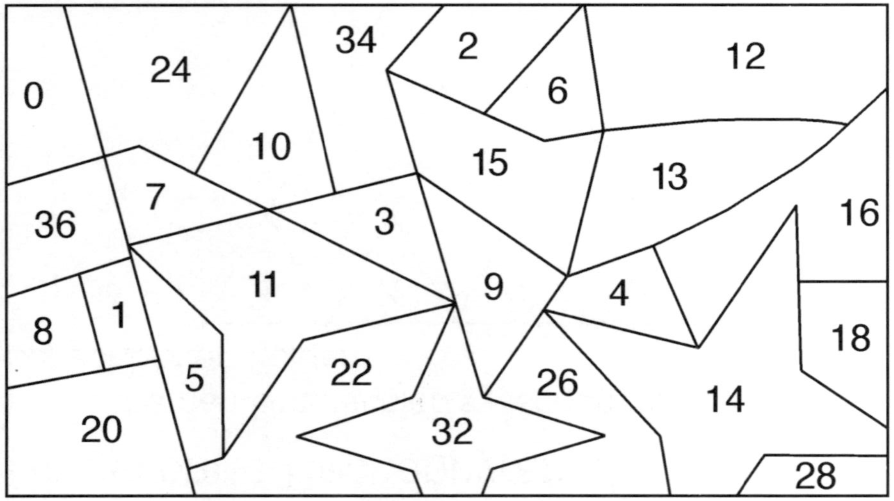

2

Zahlensuche

< 14

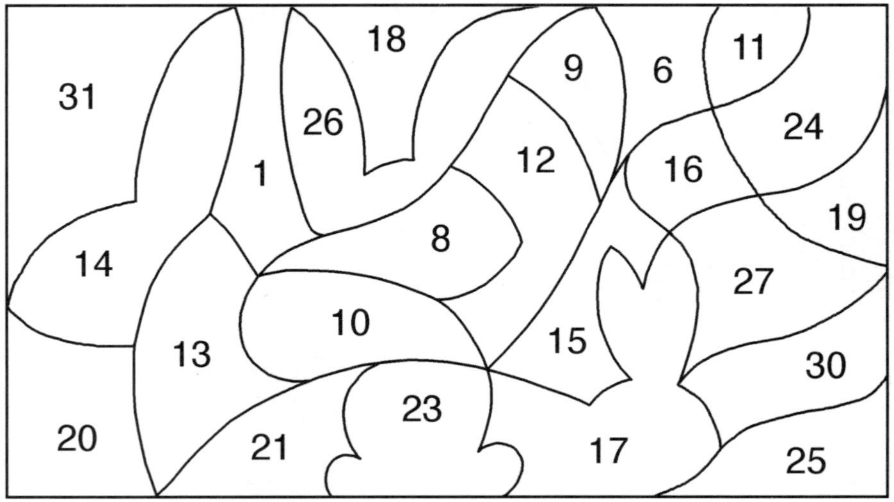

4

Zahlensuche

Ergebnis gerade

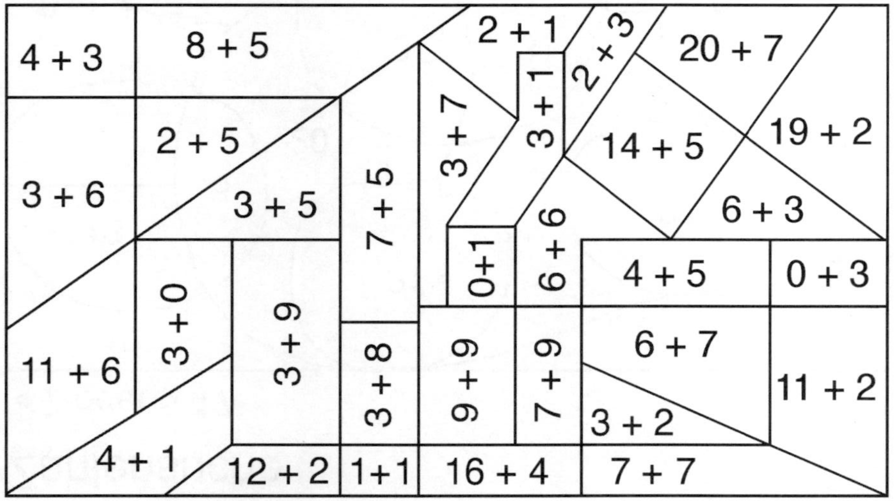

5

Zahlensuche

Ergebnis ungerade

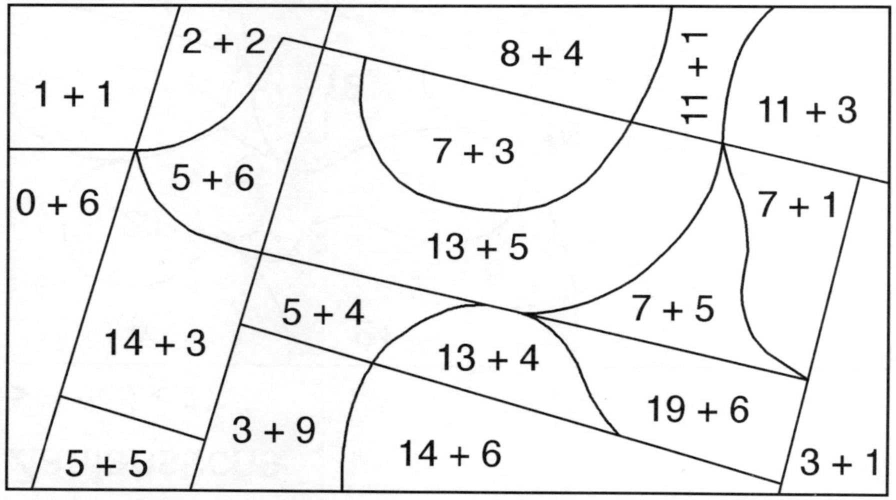

6

Zahlensuche

Gerade und > 10

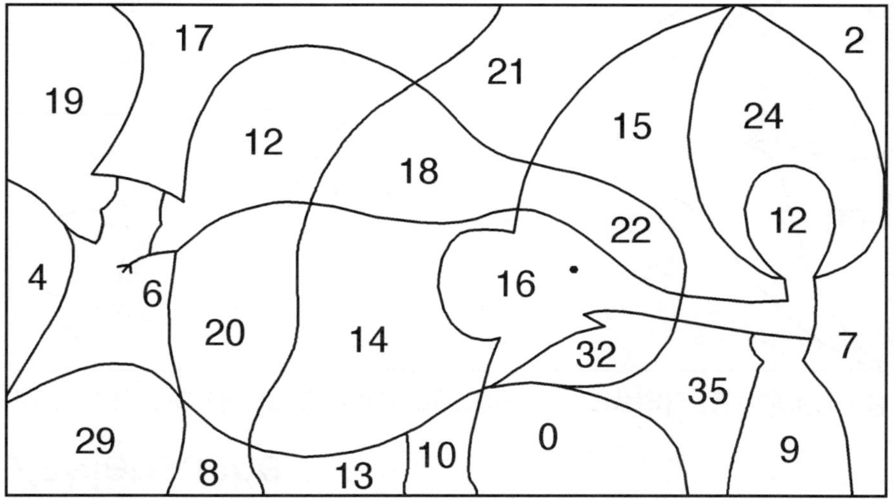

7

Zahlensuche

Ungerade und < 18

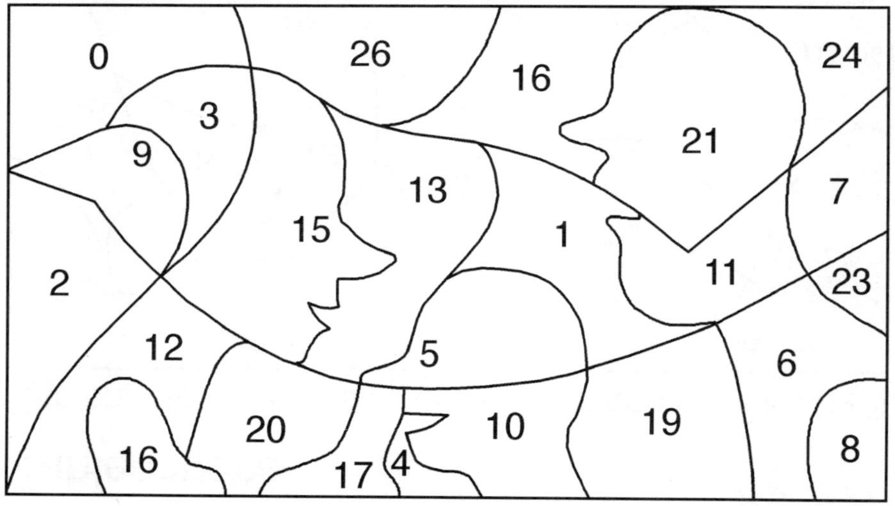

8

Zahlensuche

> 7 und < 17

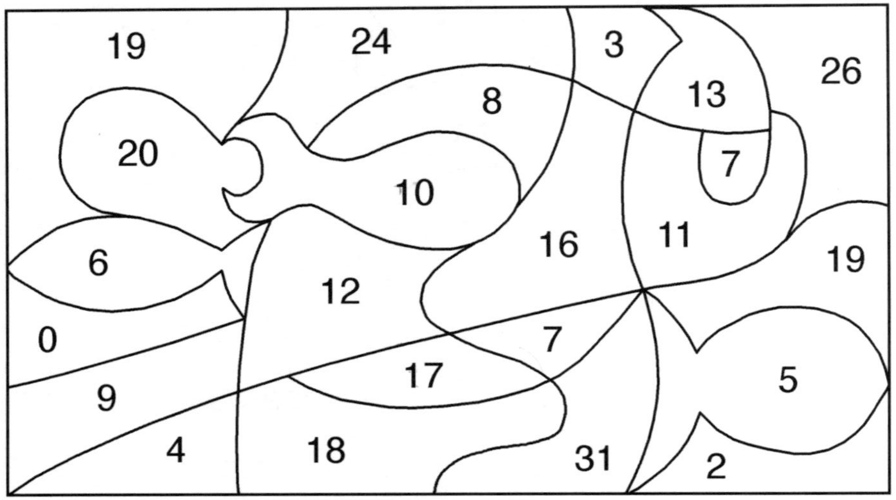

9

Zahlensuche

< 7 oder > 17

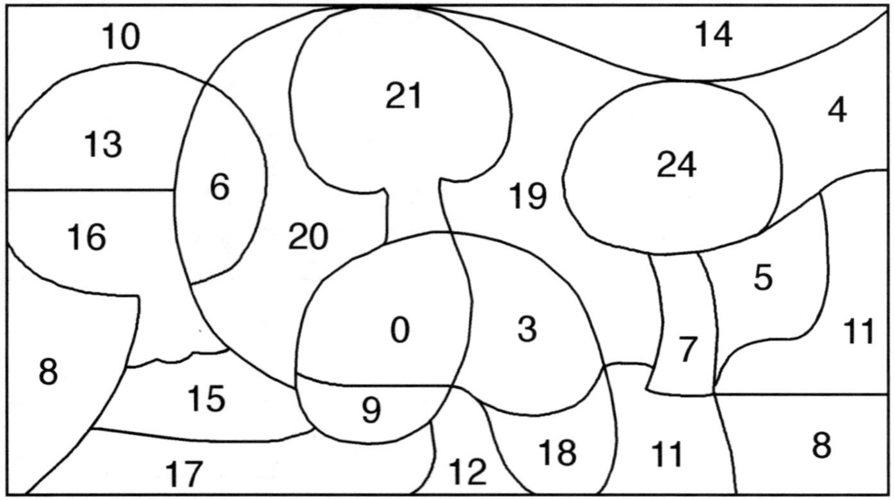

10

Zahlensuche

Zahlen, die du in Dreier aufteilen kannst: 12 = 3 + 3 + 3 + 3

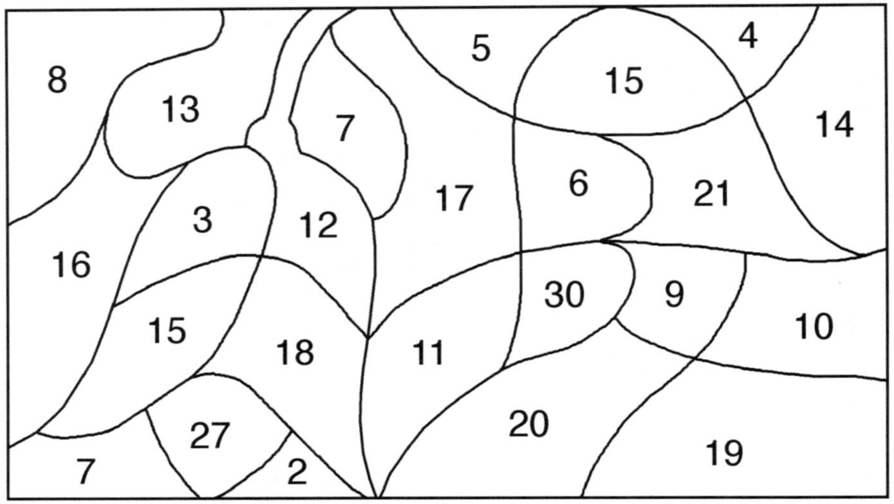

11

Zahlensuche

Zahlen, die du in Dreier aufteilen kannst: 12 = 3 + 3 + 3 + 3

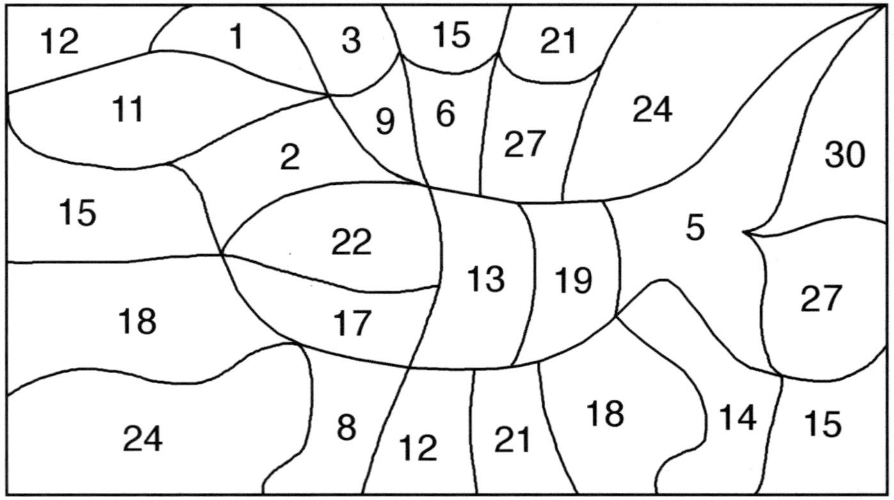

12

Zahlensuche

Ergebnis gerade

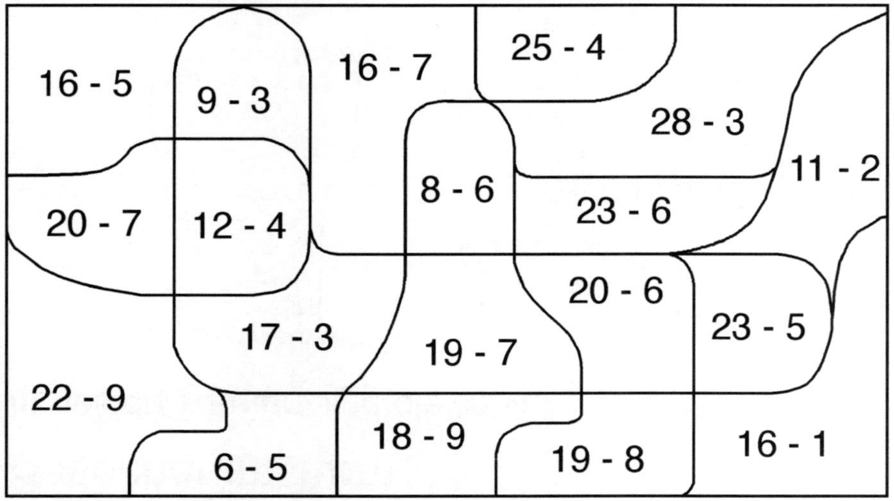

13

Zahlensuche

Ergebnis ungerade

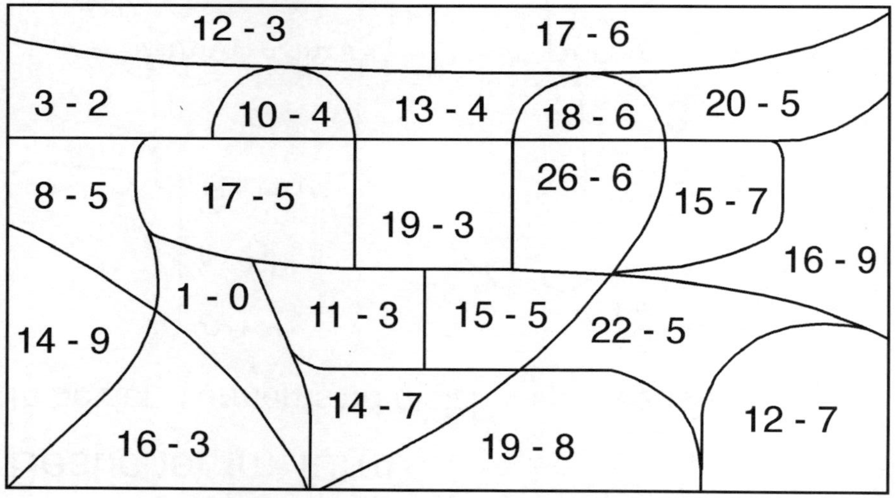

14

Zahlensuche

Gerade Zahl, wenn man + 3 rechnet.

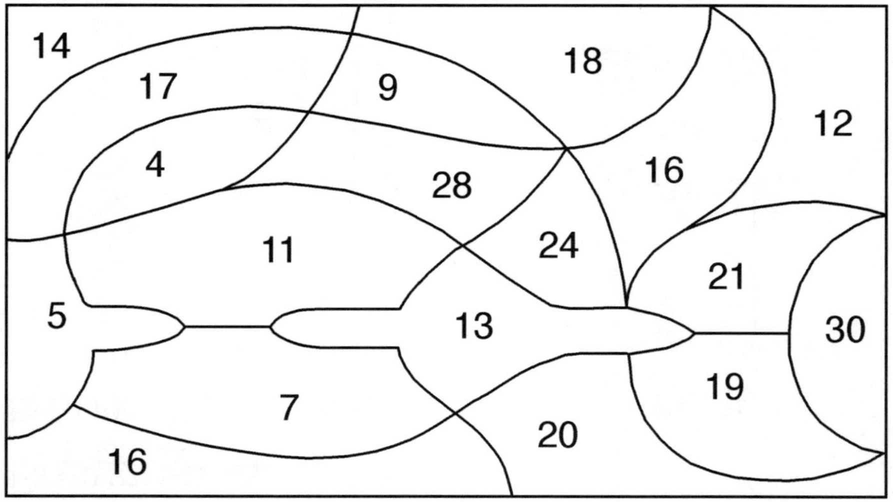

15

Zahlensuche

Ungerade Zahl, wenn man – 6 rechnet.

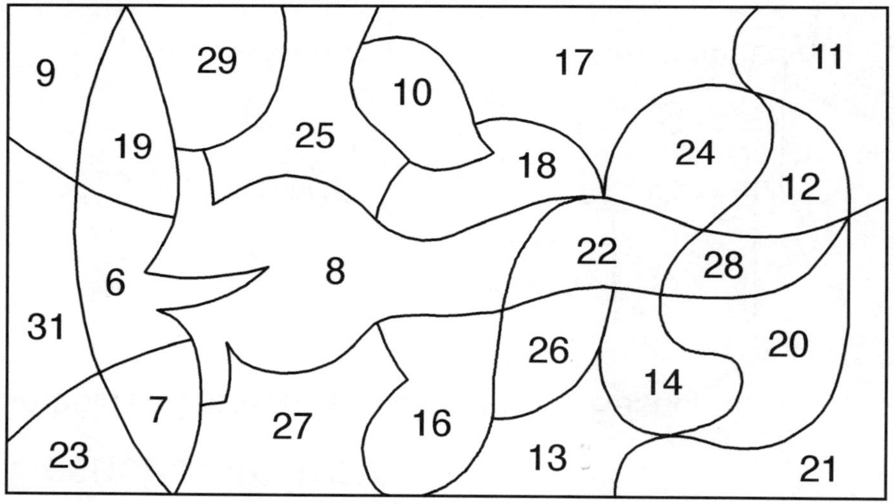

16

Besucher im Turm

In beiden Türmen sind gleich viele Besucher.

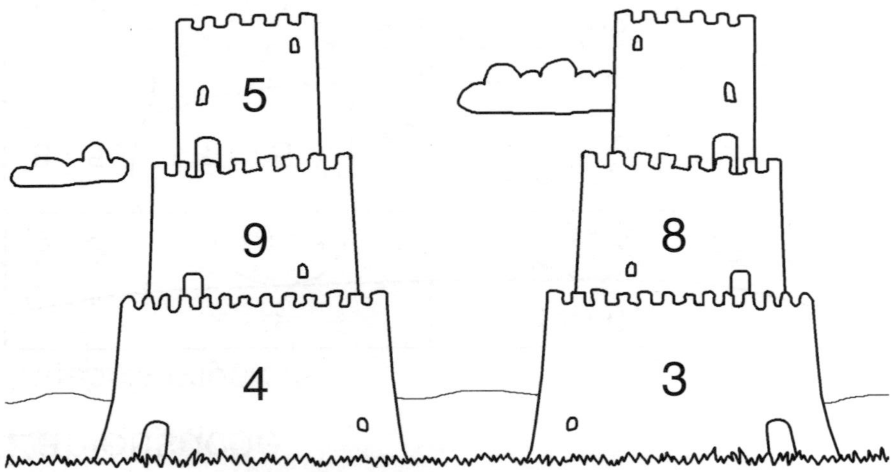

1

Besucher im Turm

In beiden Türmen sind gleich viele Besucher.

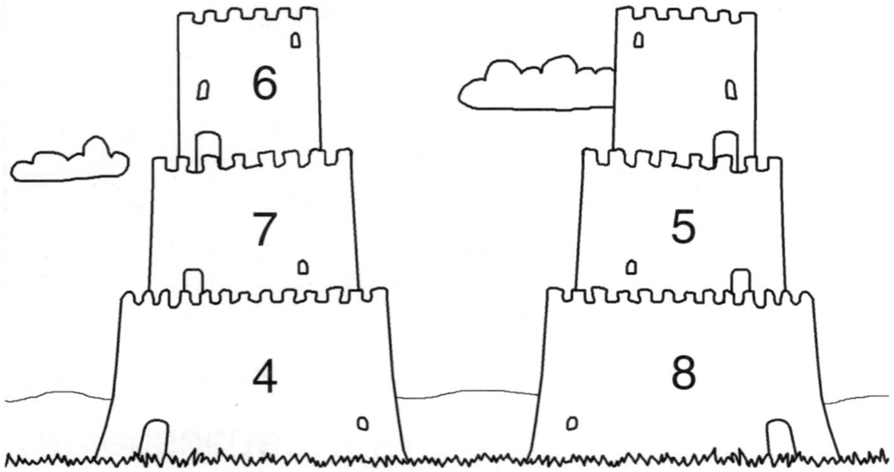

2

Besucher im Turm

In beiden Türmen sind gleich viele Besucher.

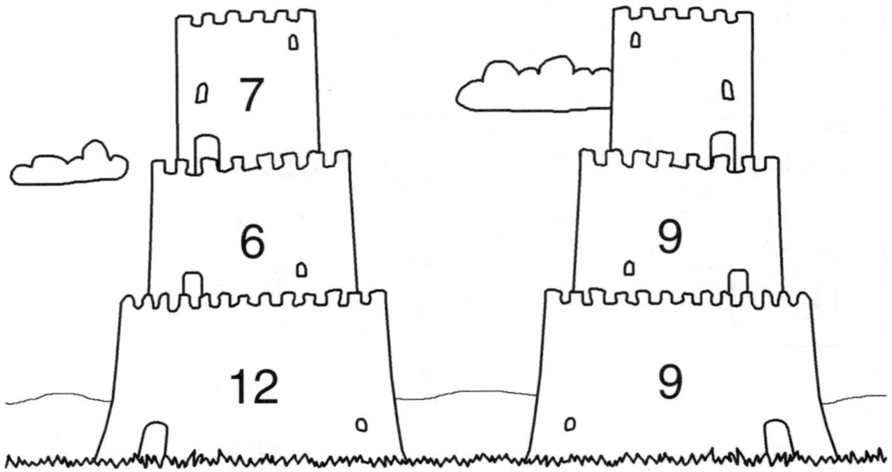

3

Besucher im Turm

In beiden Türmen sind gleich viele Besucher.

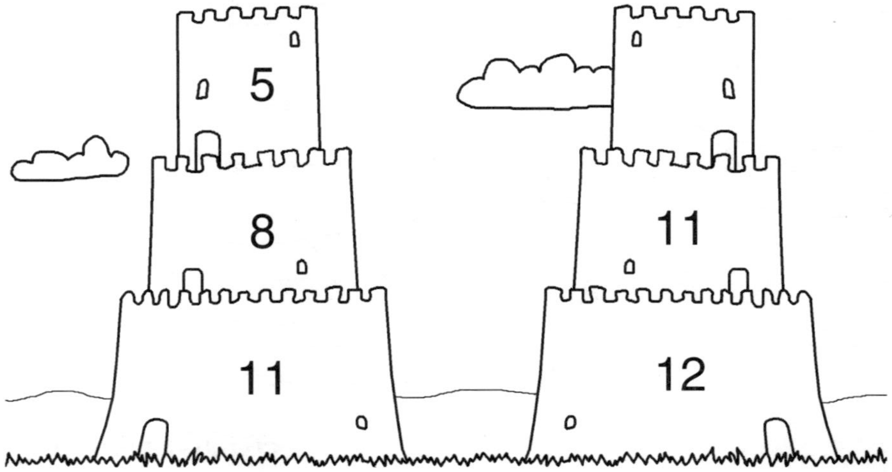

4

Besucher im Turm

In beiden Türmen sind gleich viele Besucher.

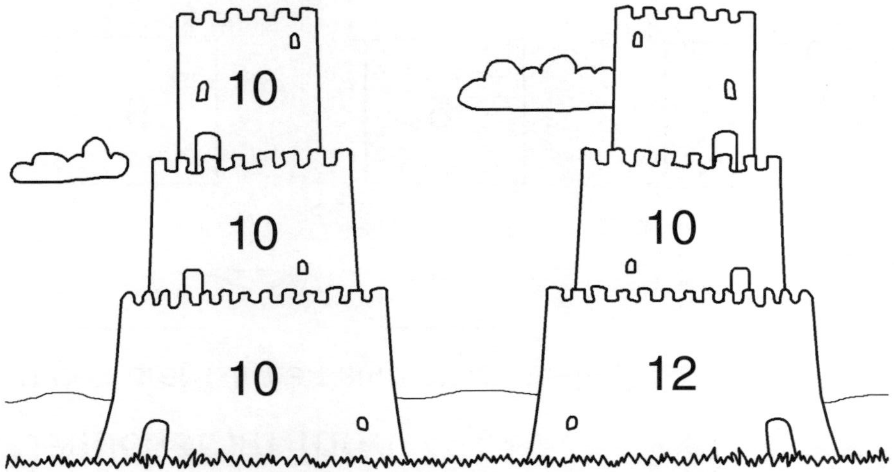

5

Besucher im Turm

In beiden Türmen sind gleich viele Besucher.

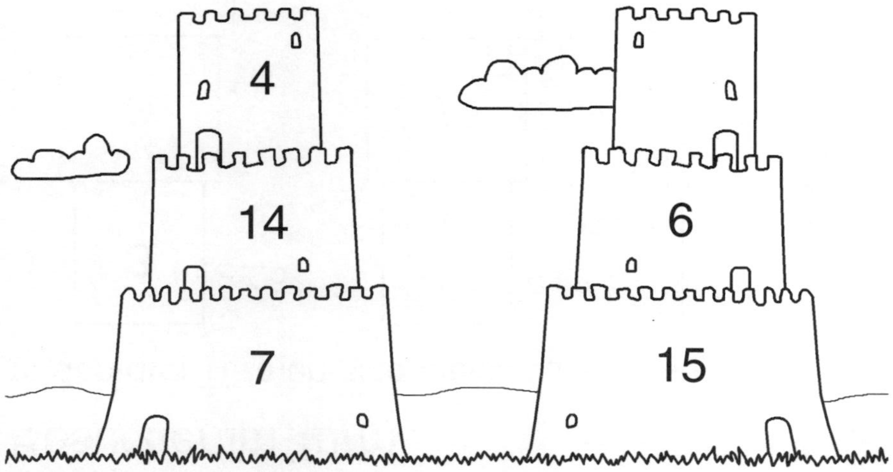

6

Besucher im Turm

In beiden Türmen sind gleich viele Besucher.

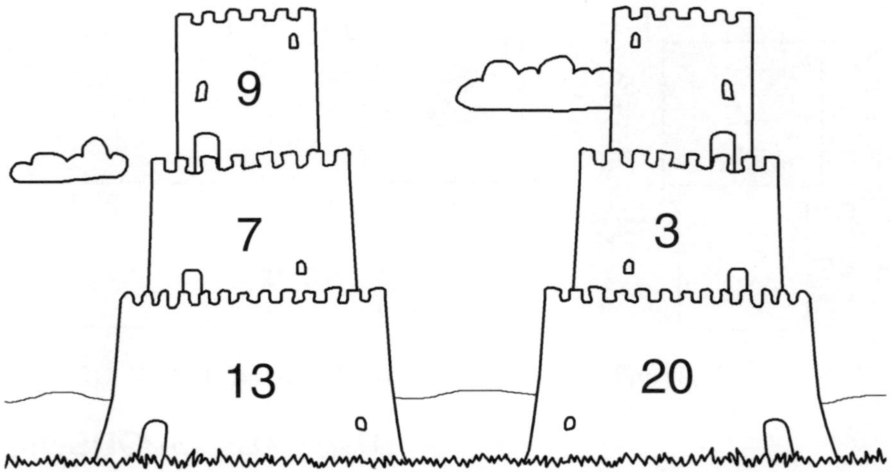

7

Besucher im Turm

In beiden Türmen sind gleich viele Besucher.

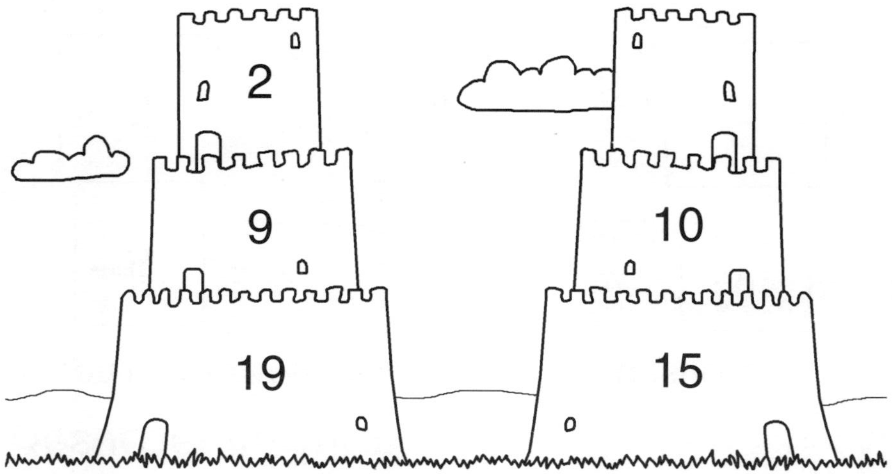

8

Besucher im Turm

In den drei Türmen sind gleich viele Besucher.

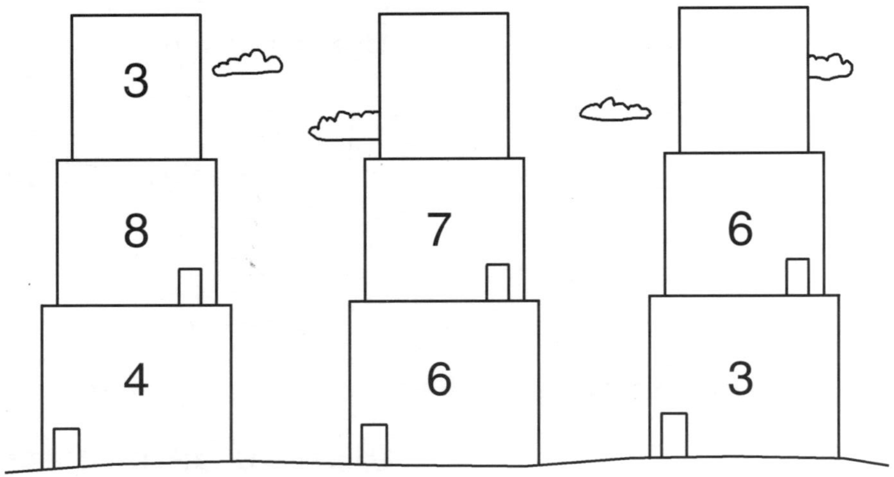

9

Besucher im Turm

In den drei Türmen sind gleich viele Besucher.

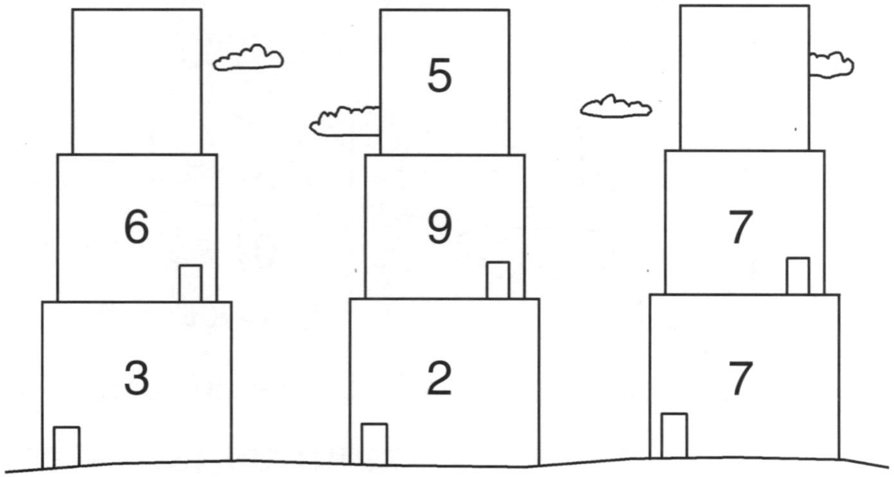

10

Besucher im Turm

In den drei Türmen sind gleich viele Besucher.

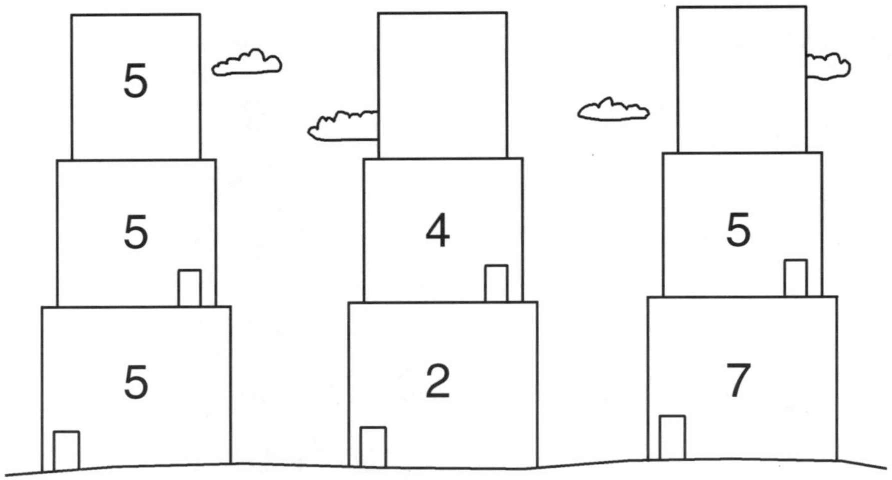

11

Besucher im Turm

In den drei Türmen sind gleich viele Besucher.

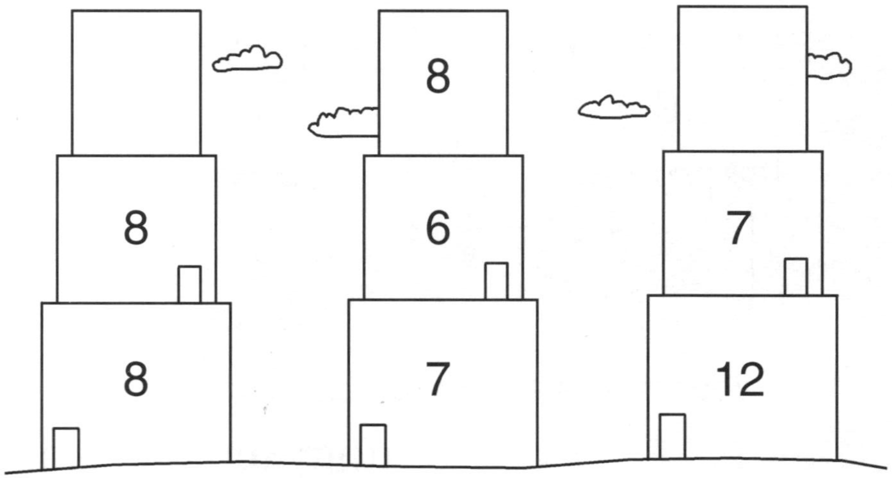

12

Besucher im Turm

In den drei Türmen sind gleich viele Besucher.

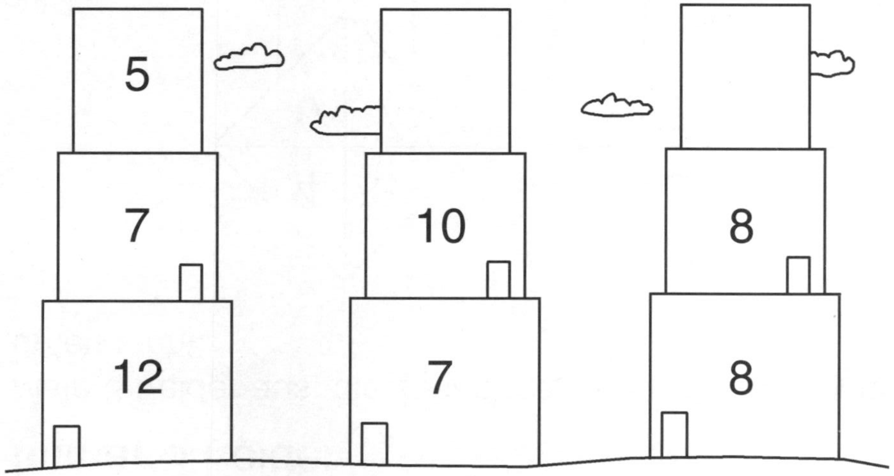

13

Besucher im Turm

In den drei Türmen sind gleich viele Besucher.

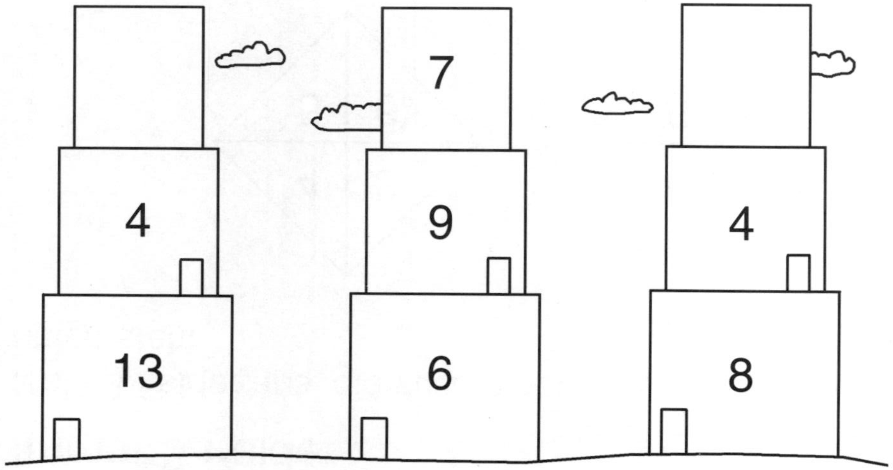

14

Besucher im Turm

In den drei Türmen sind gleich viele Besucher.

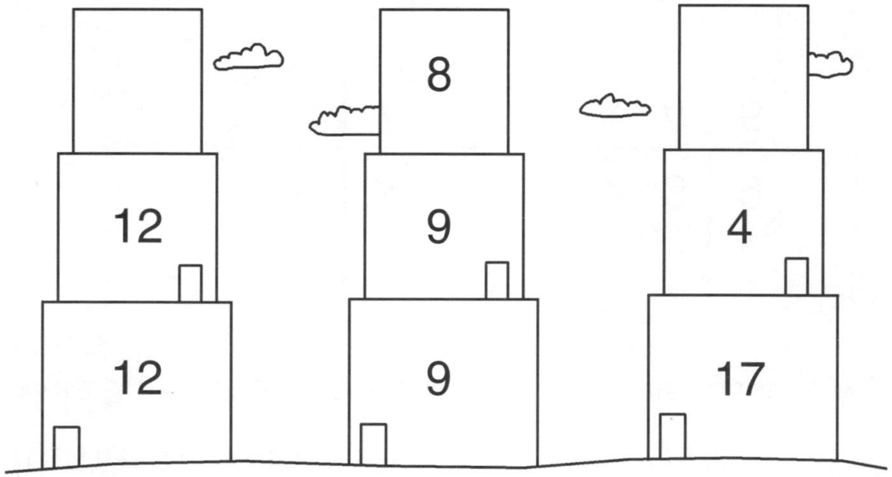

15

Besucher im Turm

In den drei Türmen sind gleich viele Besucher.

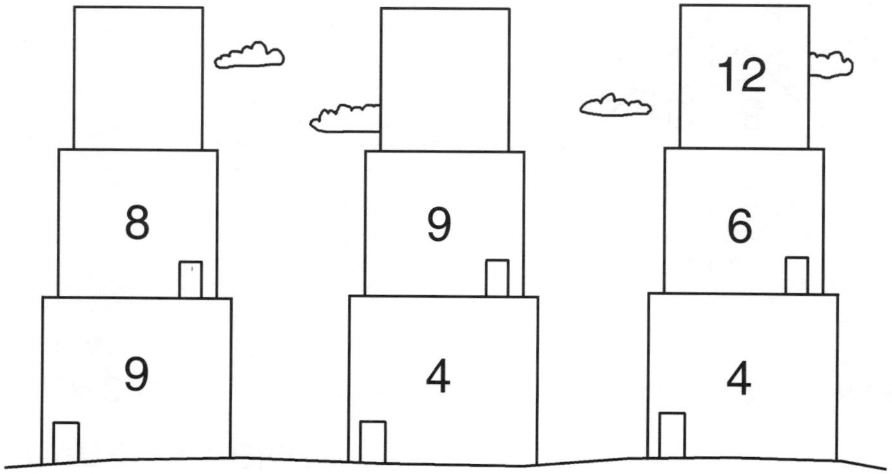

16

Immer 3 Felder

Male 3 Felder aus, die zusammen so viel geben, wie unten steht.

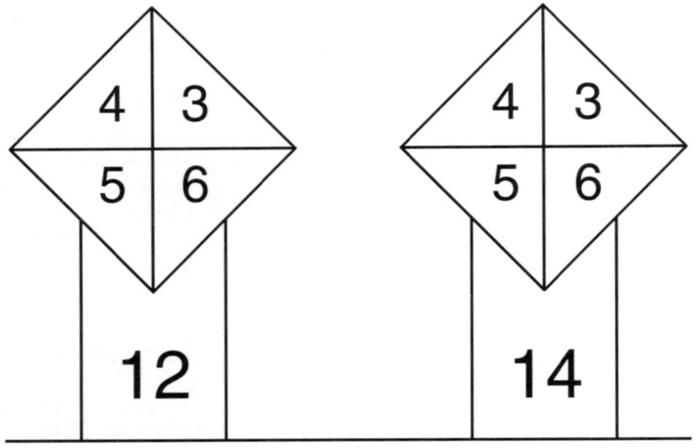

1

Immer 3 Felder

Male 3 Felder aus, die zusammen so viel geben, wie unten steht.

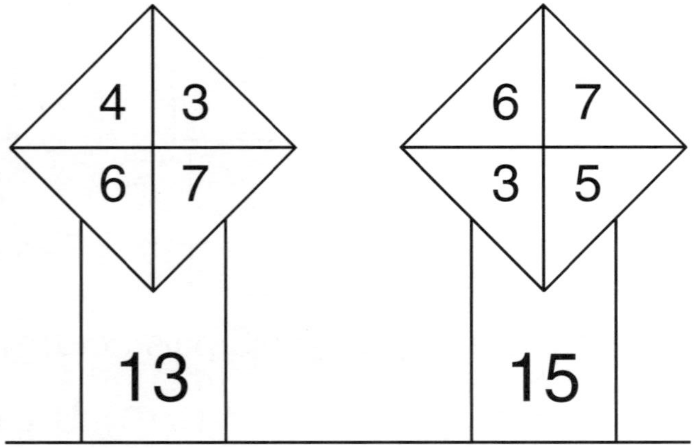

2

Immer 3 Felder

Male 3 Felder aus, die zusammen so viel geben, wie unten steht.

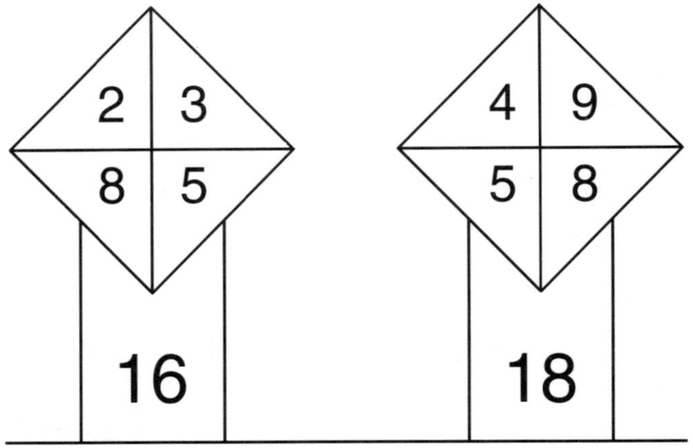

3

Immer 3 Felder

Male 3 Felder aus, die zusammen so viel geben, wie unten steht.

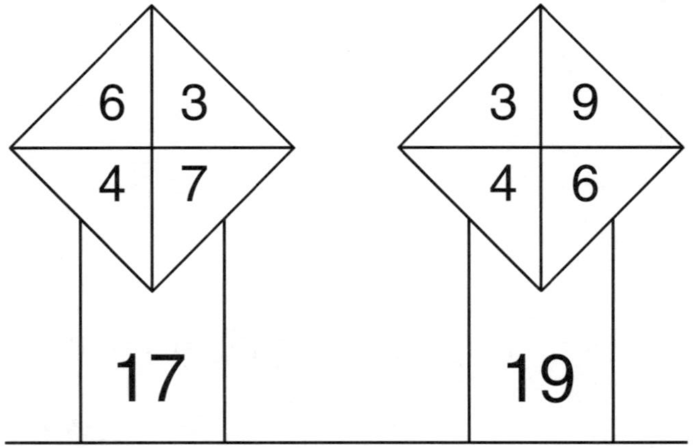

4

Immer 3 Felder

Male 3 Felder aus, die zusammen so viel geben, wie unten steht.

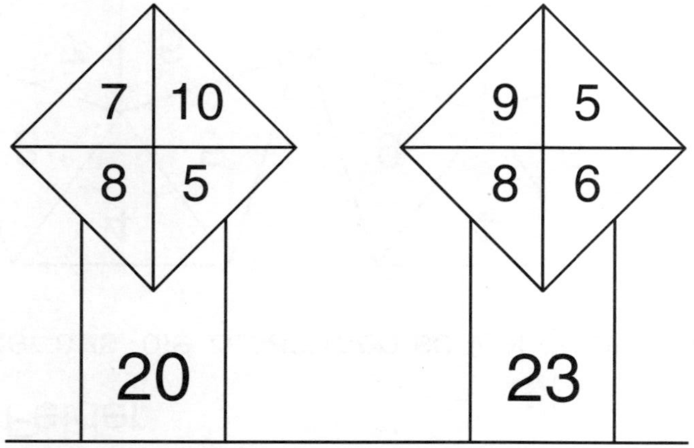

5

Immer 3 Felder

Male 3 Felder aus, die zusammen so viel geben, wie unten steht.

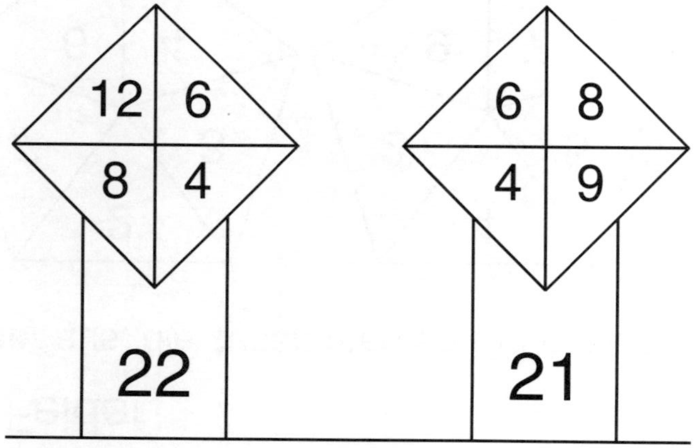

6

Immer 3 Felder

Male 3 Felder aus, die zusammen so viel geben, wie unten steht.

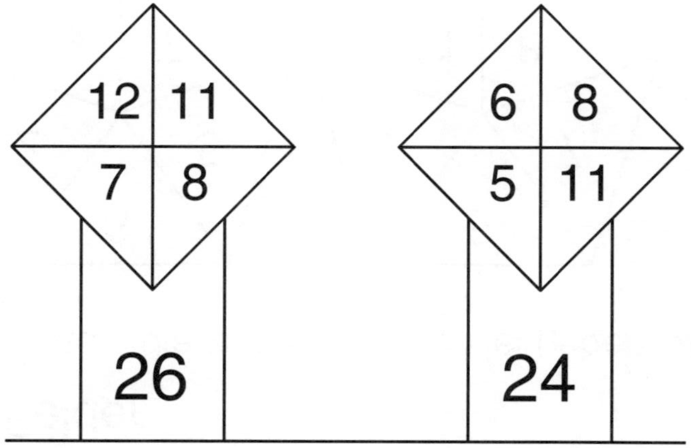

7

Immer 3 Felder

Male 3 Felder aus, die zusammen so viel geben, wie unten steht.

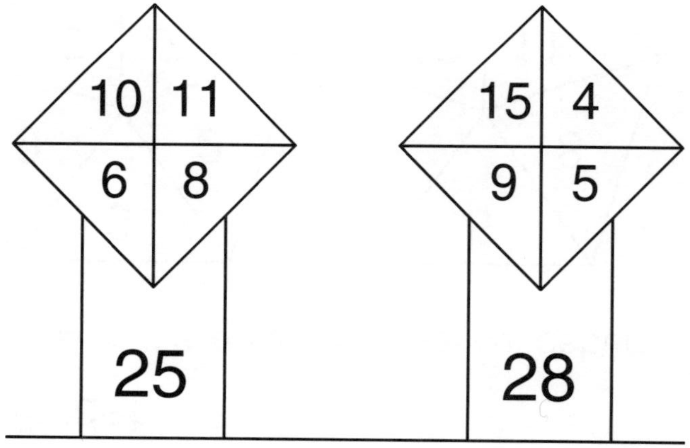

8

Immer 3 Felder

Male 3 Felder aus, die zusammen so viel geben, wie unten steht.

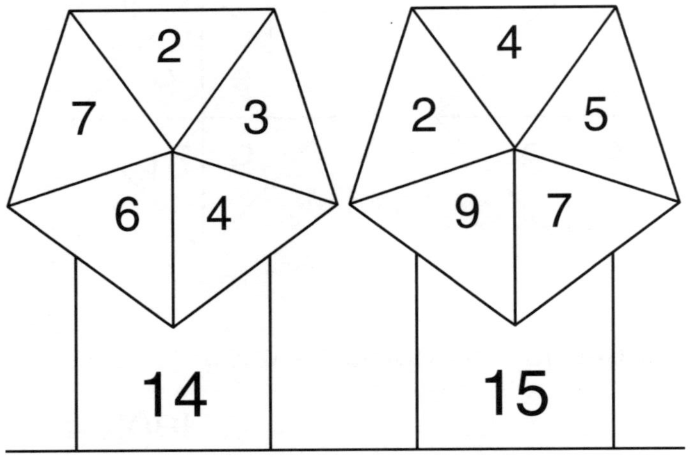

9

Immer 3 Felder

Male 3 Felder aus, die zusammen so viel geben, wie unten steht.

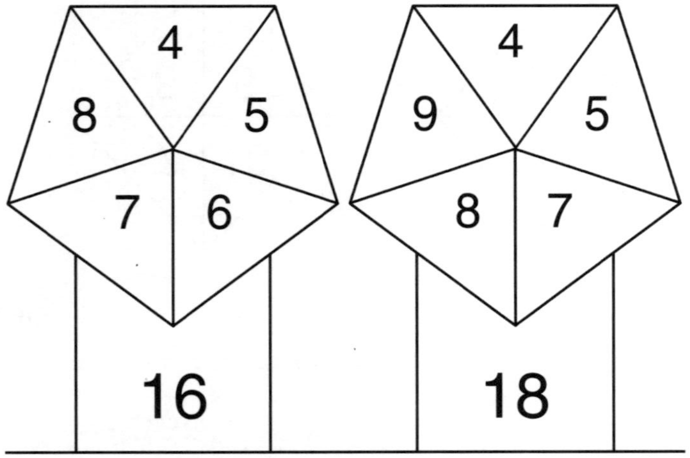

10

Immer 3 Felder

Male 3 Felder aus, die zusammen so viel geben, wie unten steht.

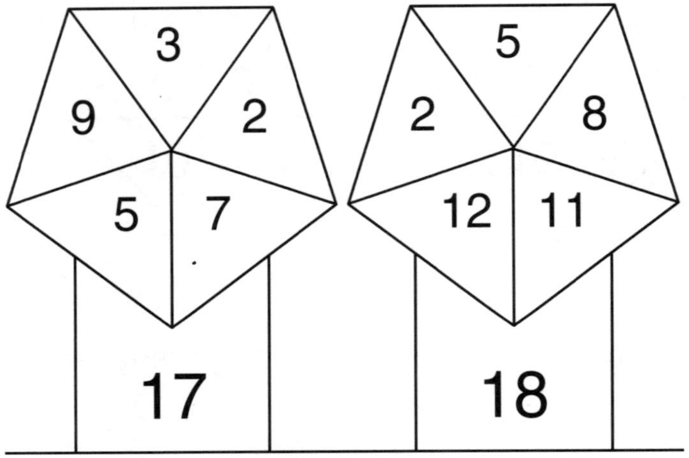

11

Immer 3 Felder

Male 3 Felder aus, die zusammen so viel geben, wie unten steht.

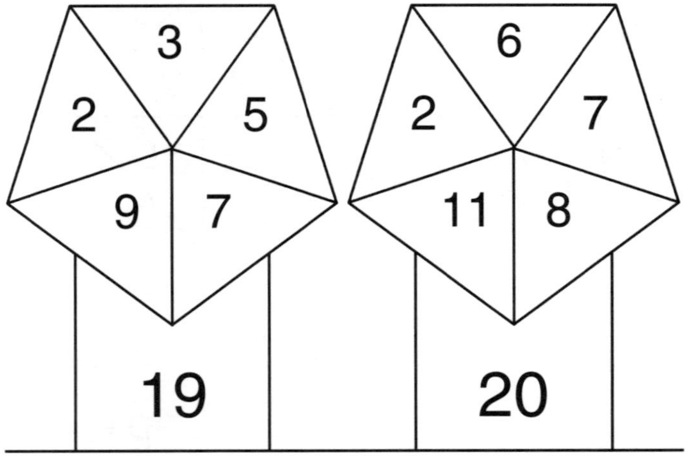

12

Immer 3 Felder

Male 3 Felder aus, die zusammen so viel geben, wie unten steht.

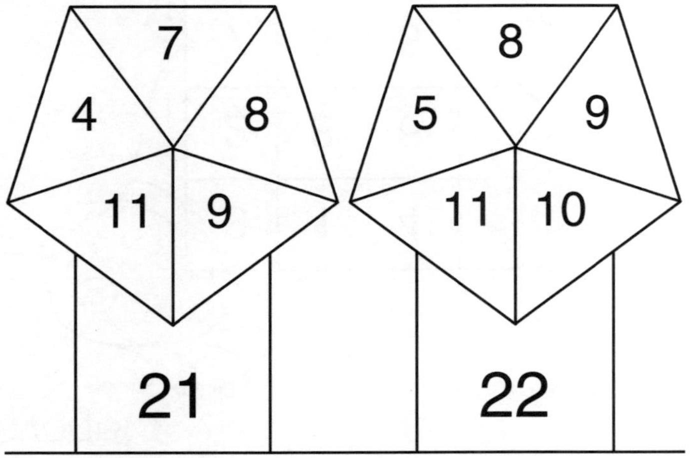

13

Immer 3 Felder

Male 3 Felder aus, die zusammen so viel geben, wie unten steht.

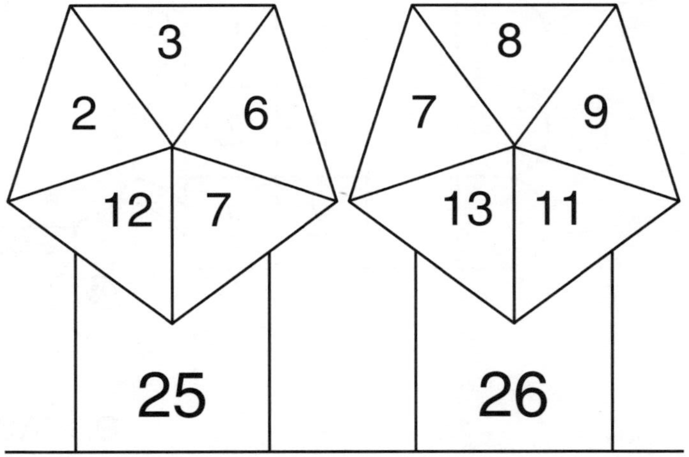

15

Immer 3 Felder

Male 3 Felder aus, die zusammen so viel geben, wie unten steht.

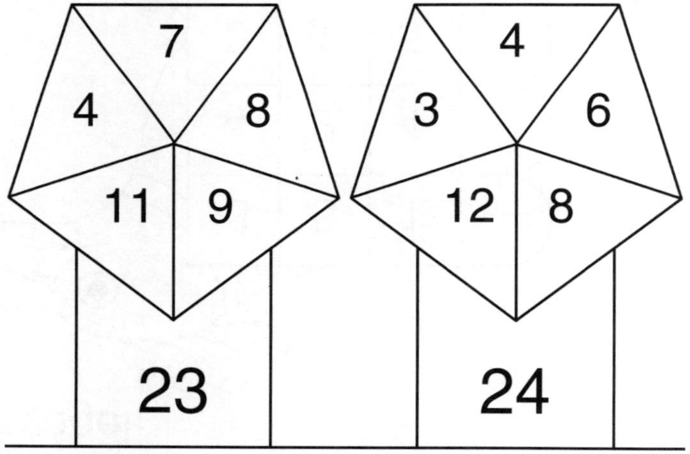

14

Immer 3 Felder

Male 3 Felder aus, die zusammen so viel geben, wie unten steht.

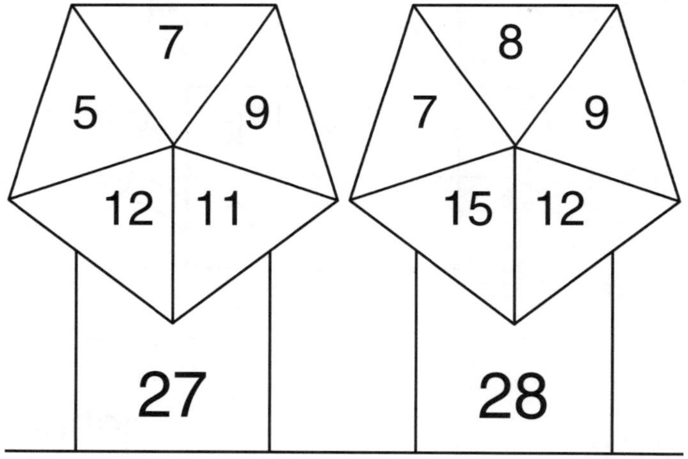

16

Zahlenvogel

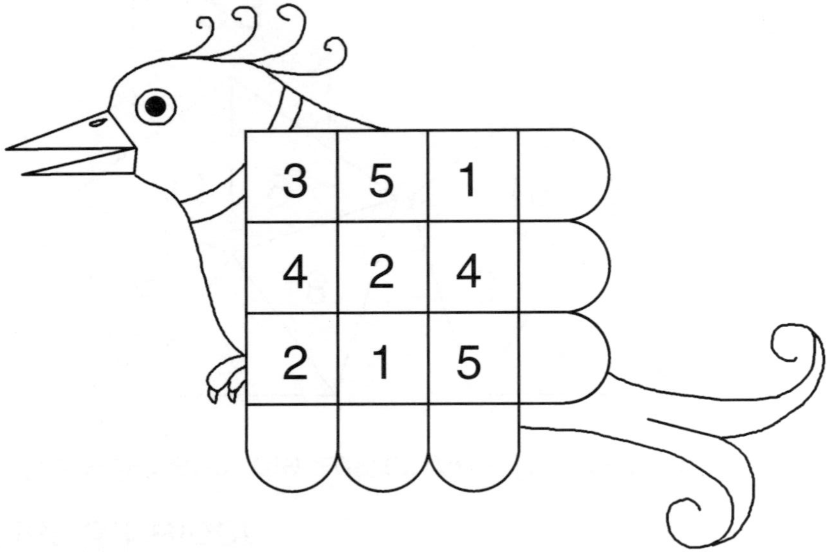

3	5	1	
4	2	4	
2	1	5	

1

Zahlenvogel

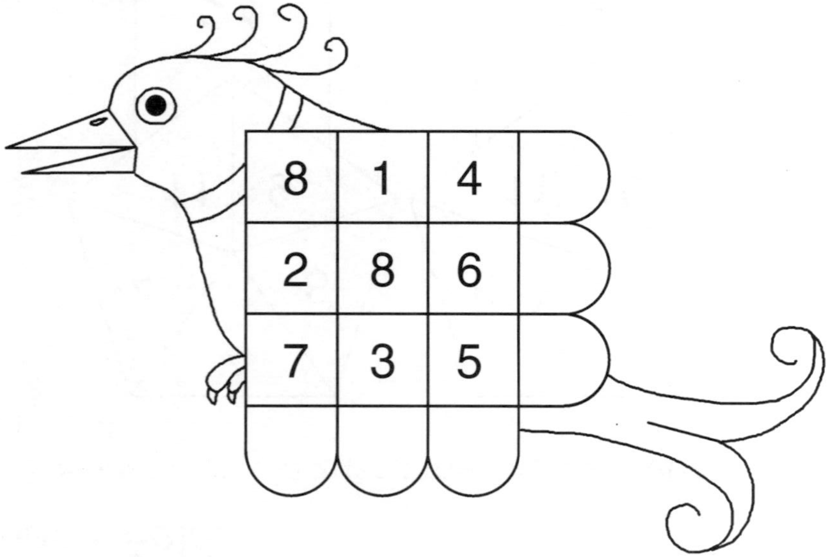

8	1	4	
2	8	6	
7	3	5	

2

Zahlenvogel

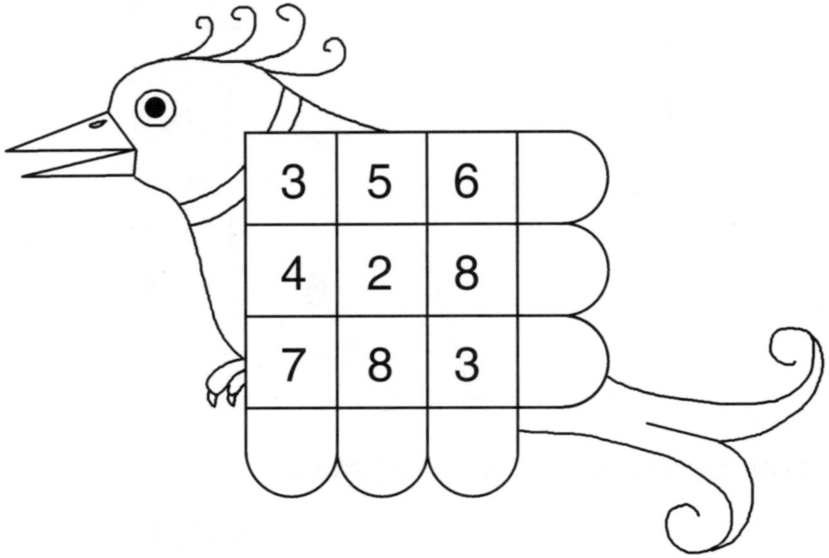

3	5	6	
4	2	8	
7	8	3	

3

Zahlenvogel

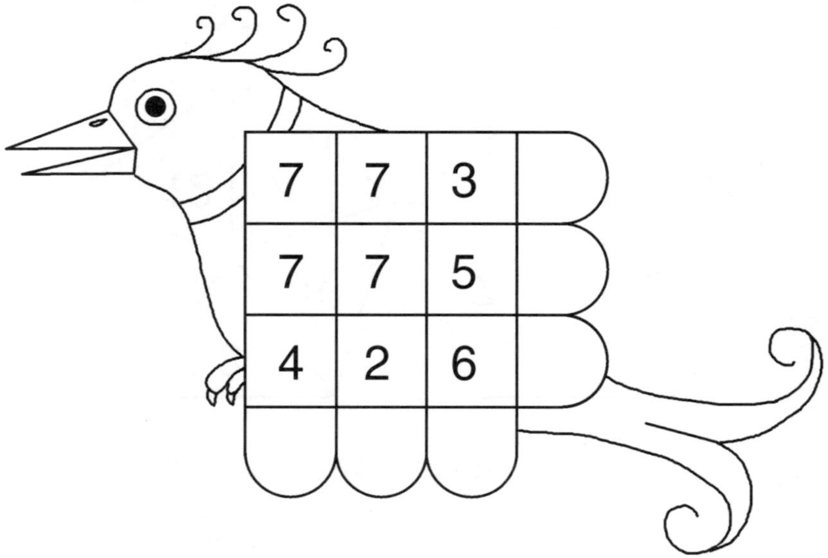

7	7	3	
7	7	5	
4	2	6	

4

Zahlenvogel

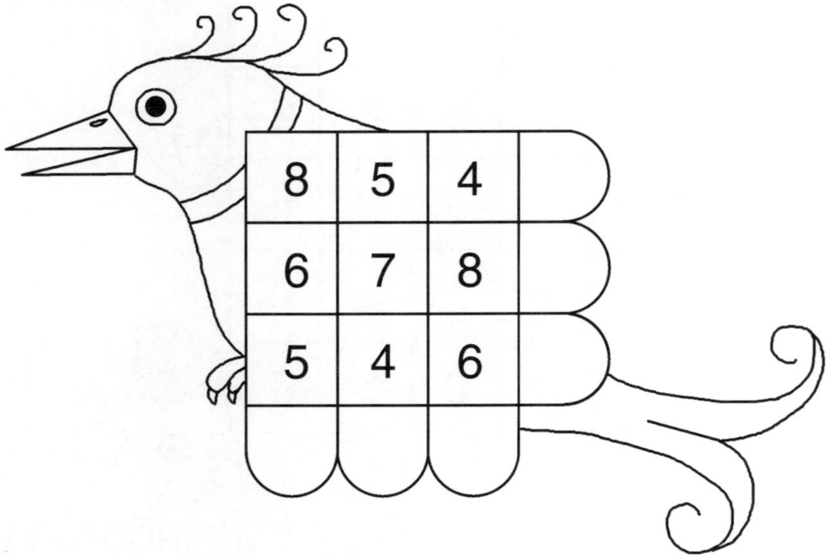

5

Zahlenvogel

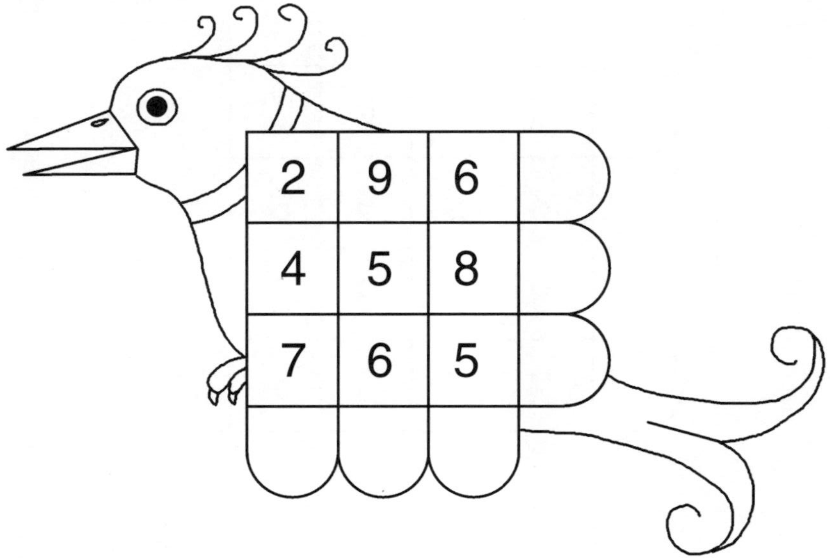

7

Zahlenvogel

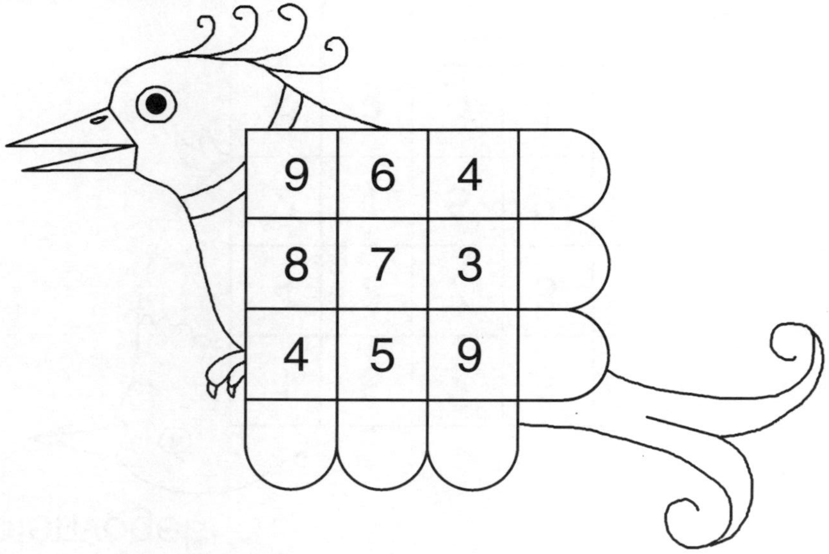

6

Zahlenvogel

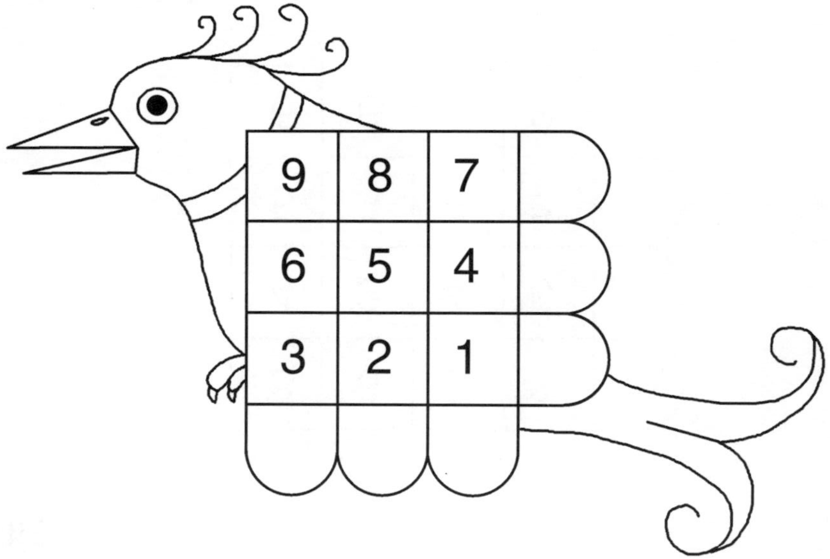

8

Zahlenvogel

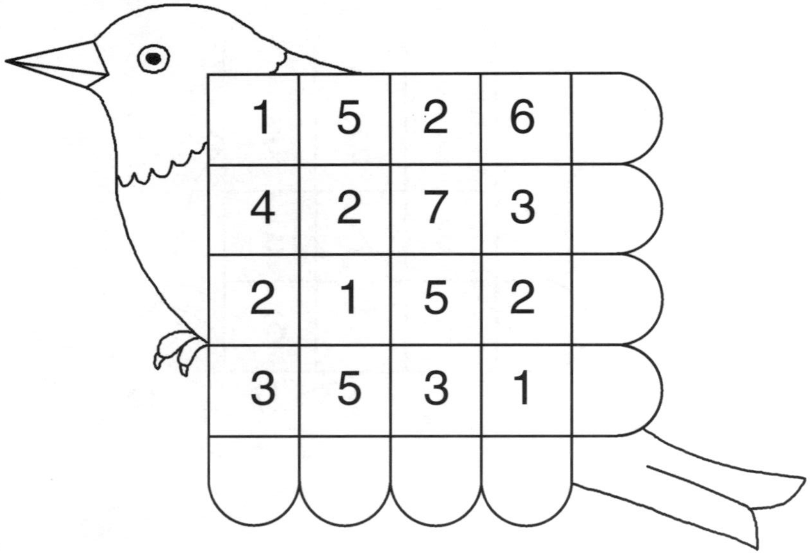

1	5	2	6	
4	2	7	3	
2	1	5	2	
3	5	3	1	

9

Zahlenvogel

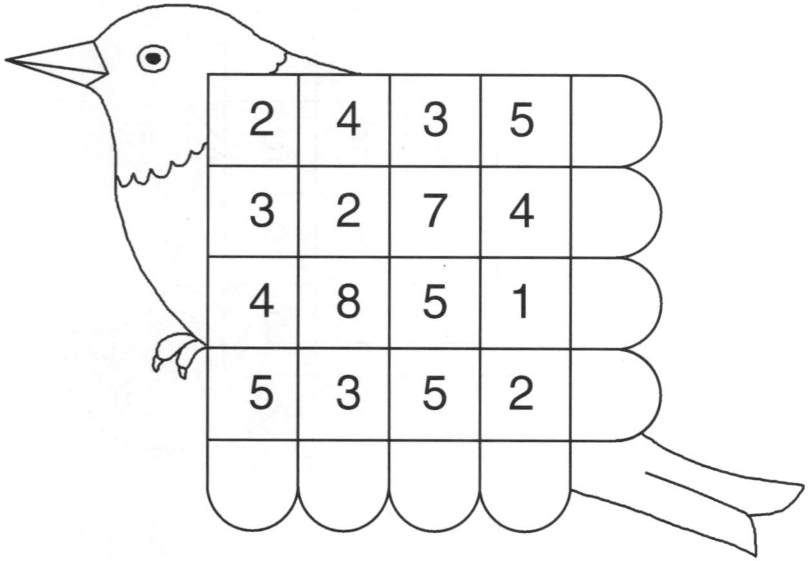

2	4	3	5	
3	2	7	4	
4	8	5	1	
5	3	5	2	

10

Zahlenvogel

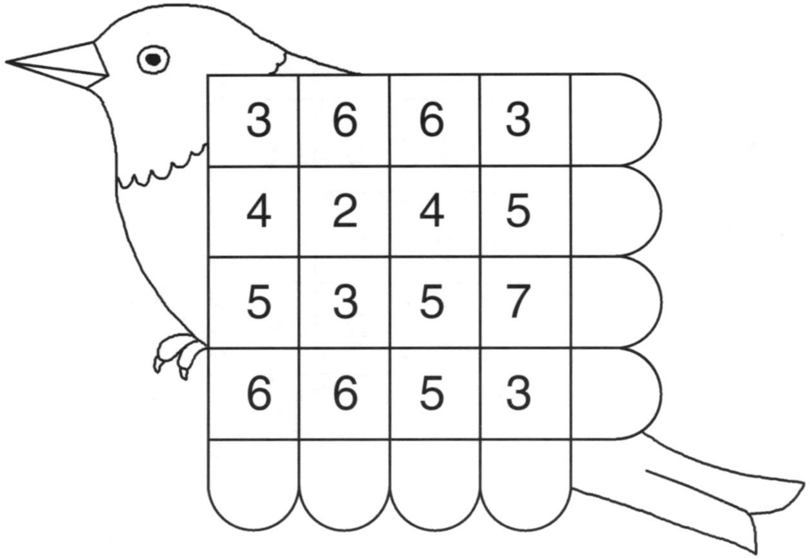

3	6	6	3	
4	2	4	5	
5	3	5	7	
6	6	5	3	

11

Zahlenvogel

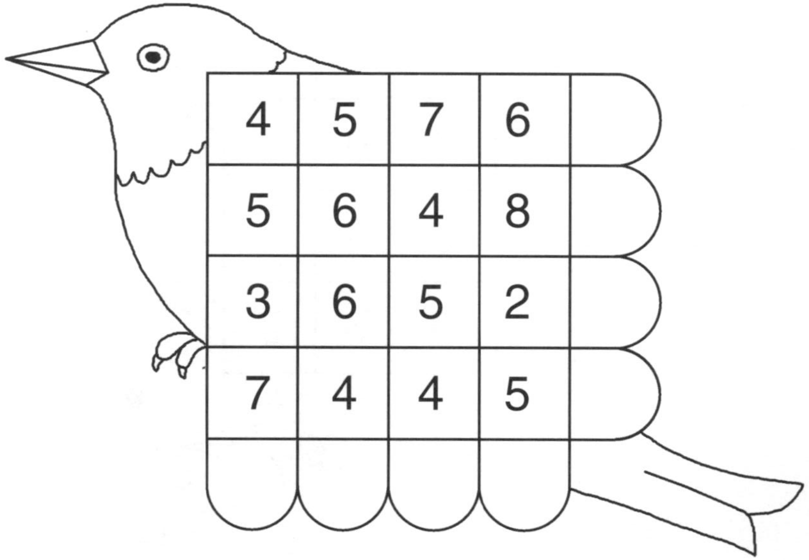

4	5	7	6	
5	6	4	8	
3	6	5	2	
7	4	4	5	

12

Zahlenvogel

5	8	6	3	
9	4	3	5	
3	2	4	7	
2	6	3	4	

13

Zahlenvogel

5	5	5	5	
5	6	7	8	
5	7	9	4	
5	9	5	6	

14

Zahlenvogel

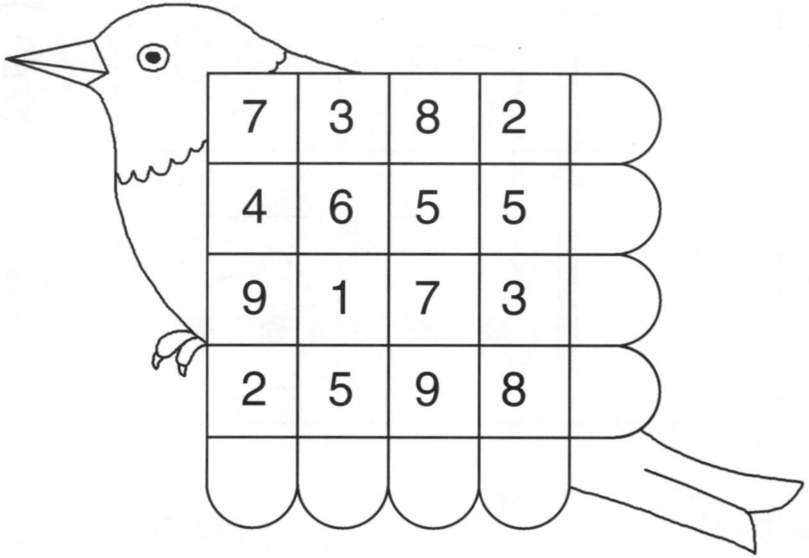

7	3	8	2	
4	6	5	5	
9	1	7	3	
2	5	9	8	

15

Zahlenvogel

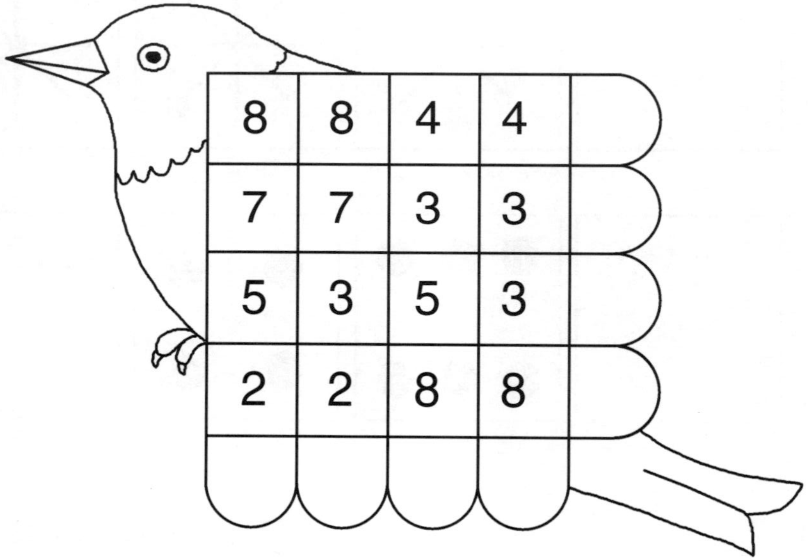

8	8	4	4	
7	7	3	3	
5	3	5	3	
2	2	8	8	

16

Das nächste Bild

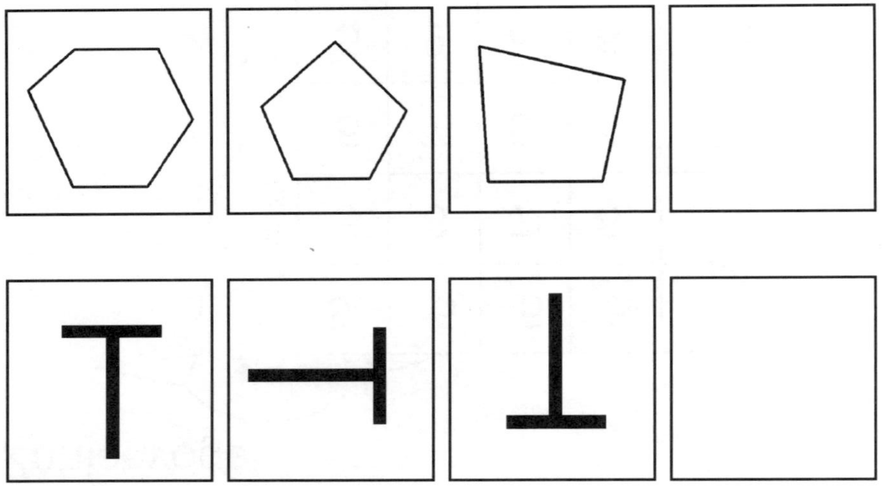

1

Das nächste Bild

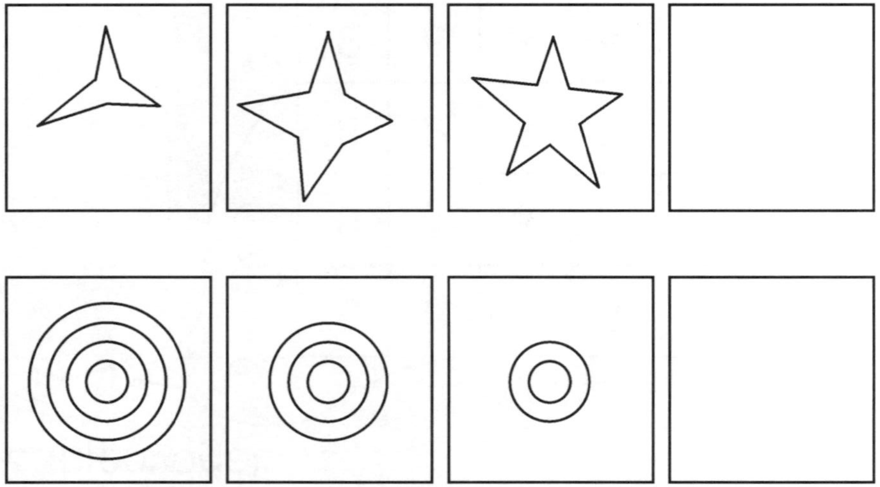

2

Das nächste Bild

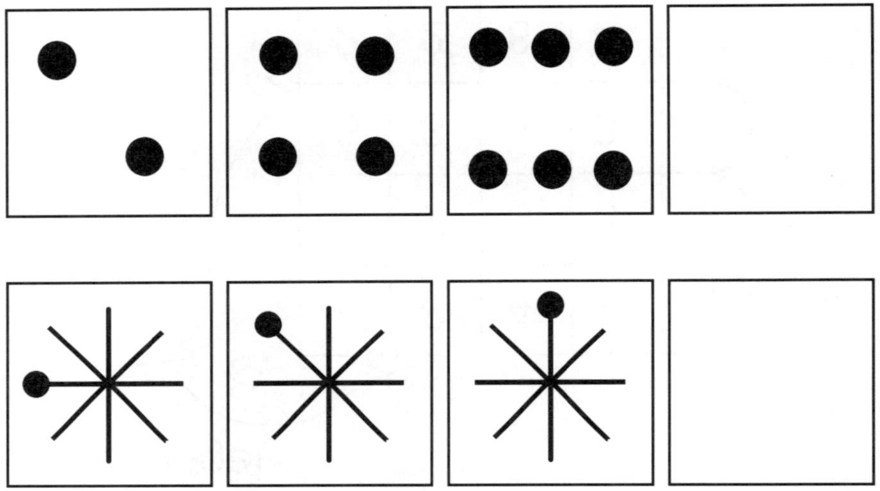

3

Das nächste Bild

4

Das nächste Bild

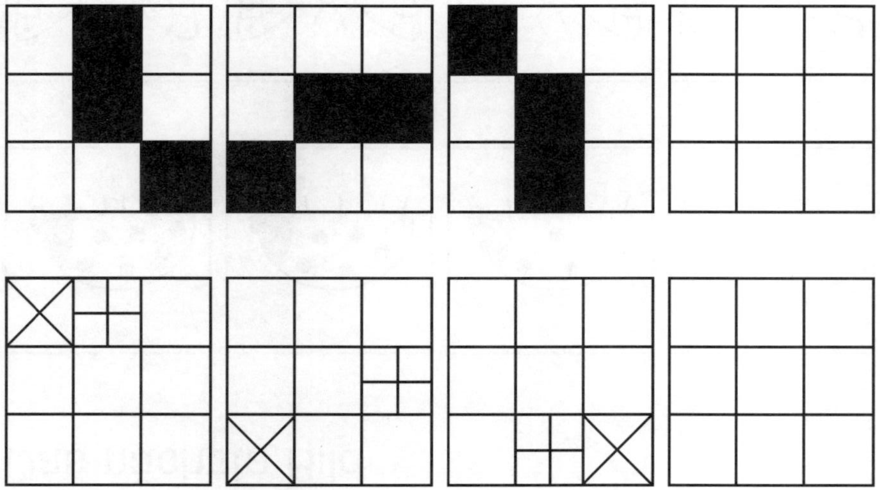

5

Das nächste Bild

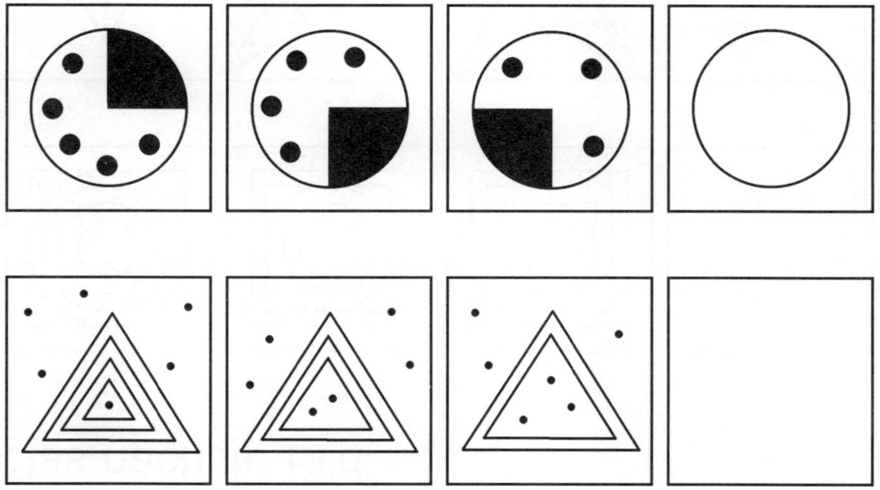

7

Das nächste Bild

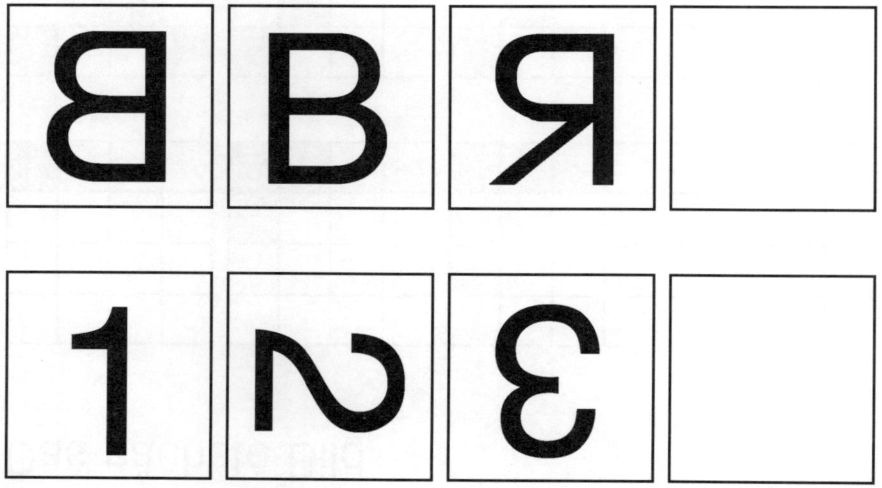

6

Das nächste Bild

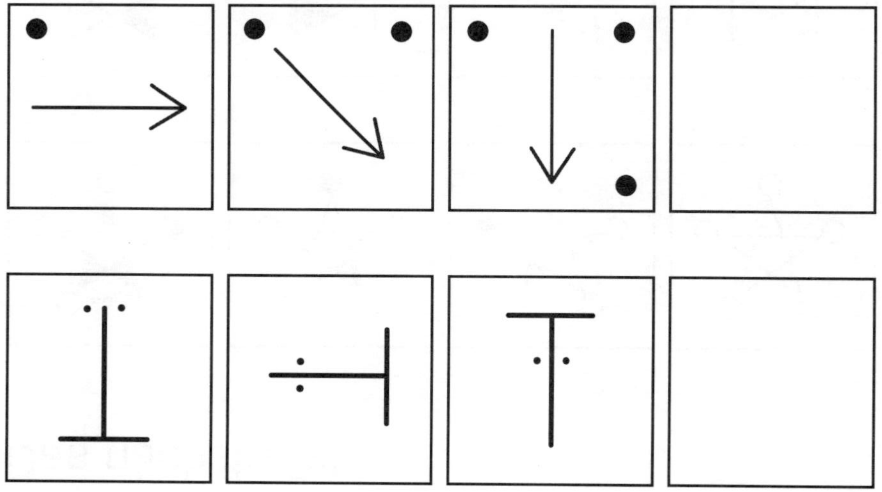

8

Das nächste Bild

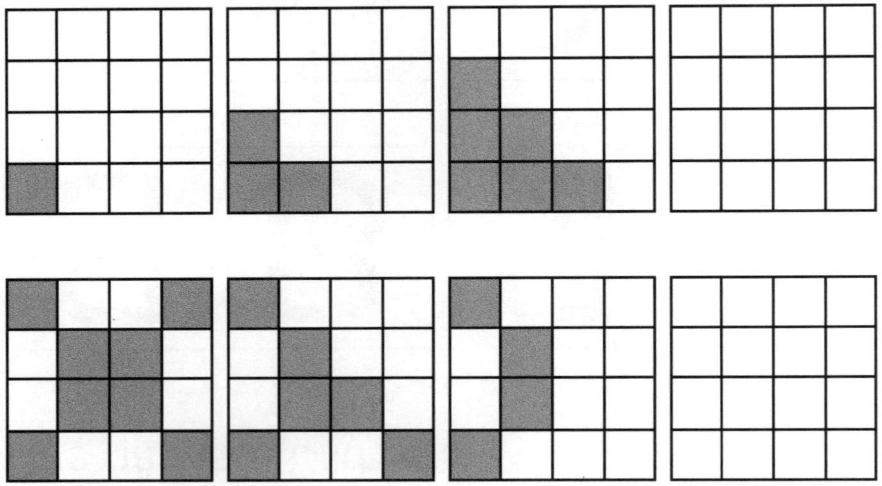

9

Das nächste Bild

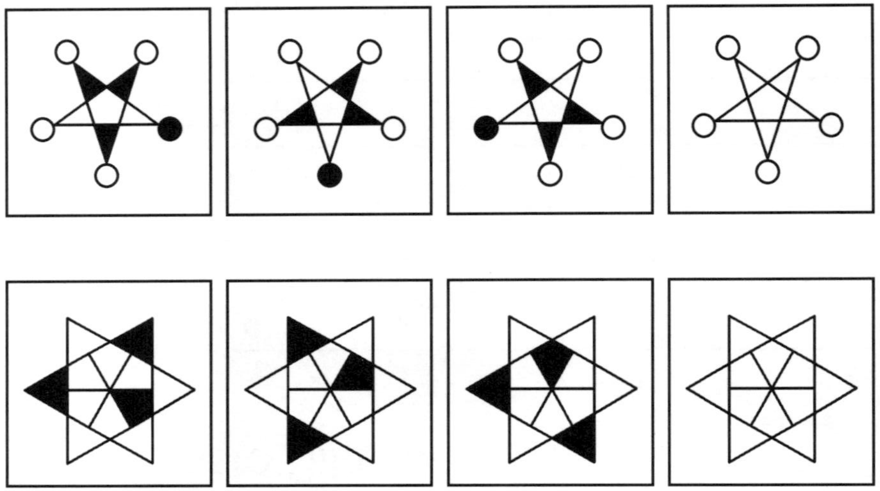

11

Das nächste Bild

10

Das nächste Bild

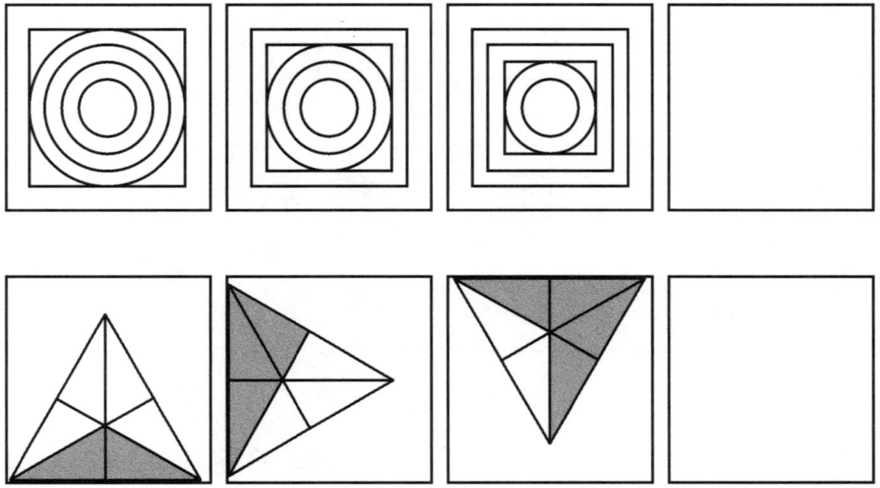

12

Das nächste Bild

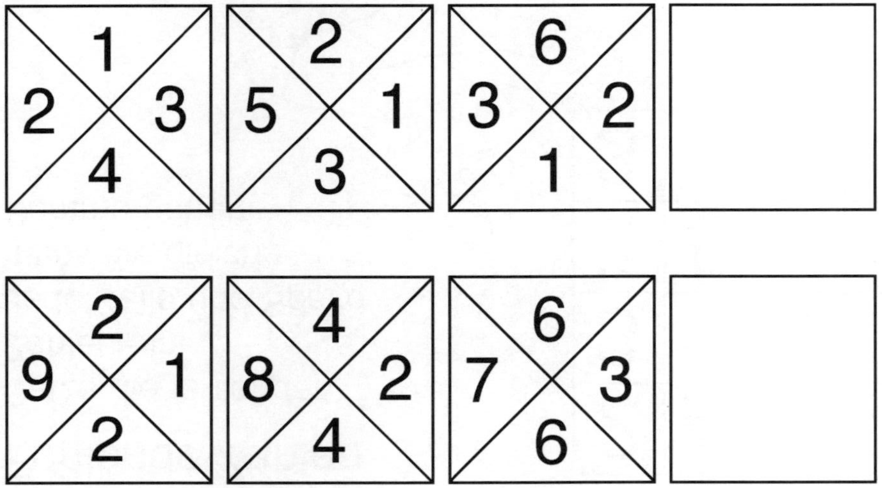

13

Das nächste Bild

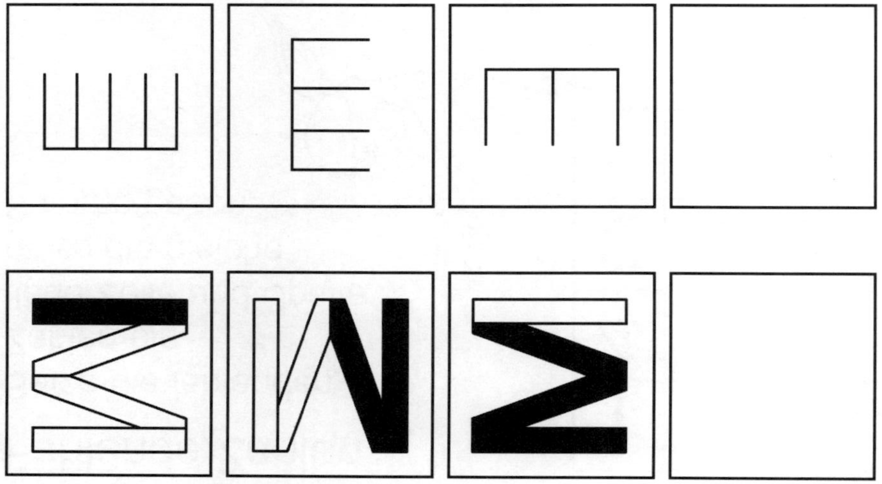

14

Das nächste Bild

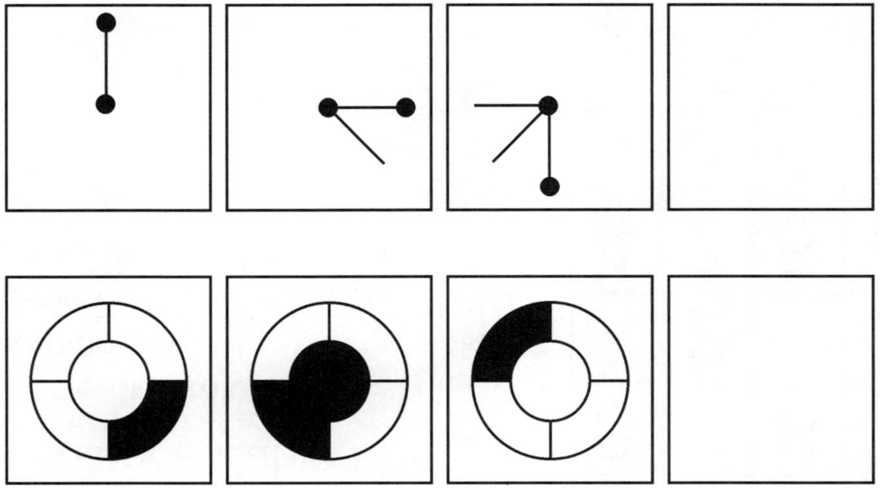

15

Das nächste Bild

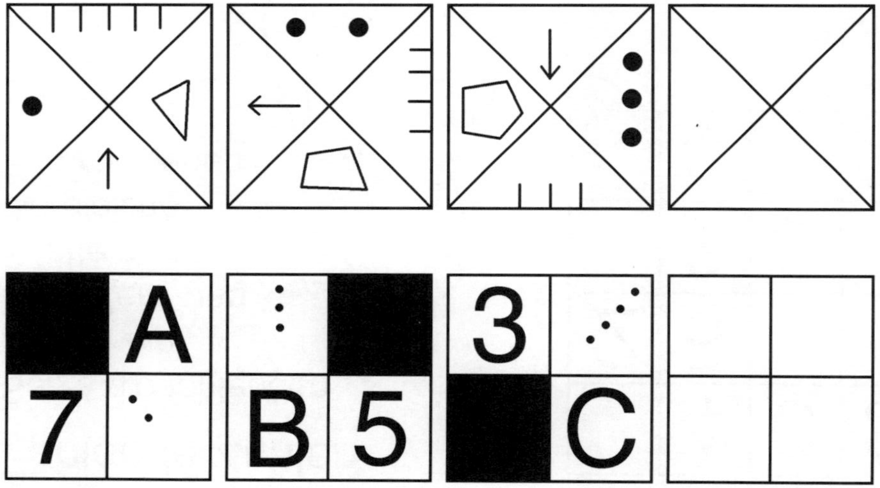

16

Fehlende Zahlen

Setze die fehlenden
Zahlen ein.
Jede Zeile und Spalte
muss die gleiche
Summe geben.

1	4	5	2
4	1	2	
2	3	2	

1

Fehlende Zahlen

Setze die fehlenden
Zahlen ein.
Jede Zeile und Spalte
muss die gleiche
Summe geben.

2	4		3
3		4	
7	5		1
3			4

2

Fehlende Zahlen

Setze die fehlenden
Zahlen ein.
Jede Zeile und
Spalte muss
die gleiche
Summe geben.

	4	3	3
2	5		4
	3	5	7
	6		

3

Fehlende Zahlen

Setze die fehlenden
Zahlen ein.
Jede Zeile und Spalte
muss die gleiche
Summe geben.

3		6	
	2		
4	7	5	4
	3	4	5

4

Fehlende Zahlen

Setze die fehlenden
Zahlen ein.
Jede Zeile und Spalte
muss die gleiche
Summe geben.

6		4	
	2		7
3			2
4	3	5	6

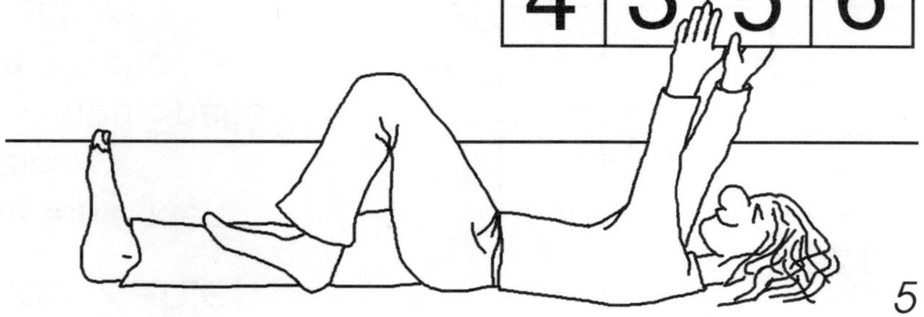

5

Fehlende Zahlen

Setze die fehlenden
Zahlen ein.
Jede Zeile und
Spalte muss
die gleiche
Summe geben.

6		3	4
7		5	
	3	8	7
	8	6	

6

Fehlende Zahlen

Setze die fehlenden
Zahlen ein.
Jede Zeile und Spalte
muss die gleiche
Summe geben.

	5	4	
4	8		
5	7	6	3
		8	6

7

Fehlende Zahlen

Setze die fehlenden
Zahlen ein.
Jede Zeile und
Spalte muss
die gleiche
Summe geben.

7	5		
	4		5
		3	6
3	6	8	2

8

Fehlende Zahlen

Setze die fehlenden
Zahlen ein.
Jede Zeile und Spalte
muss die gleiche
Summe geben.

7	5	3	8
	6		6
6			3
8	4		

9

Fehlende Zahlen

Setze die fehlenden
Zahlen ein.
Jede Zeile und Spalte
muss die gleiche
Summe geben.

7			4
	5		9
4		8	
5	9	7	4

10

Fehlende Zahlen

Setze die fehlenden
Zahlen ein.
Jede Zeile und Spalte
muss die gleiche
Summe geben.

			5
5	9	7	6
	8	6	
8	4		9

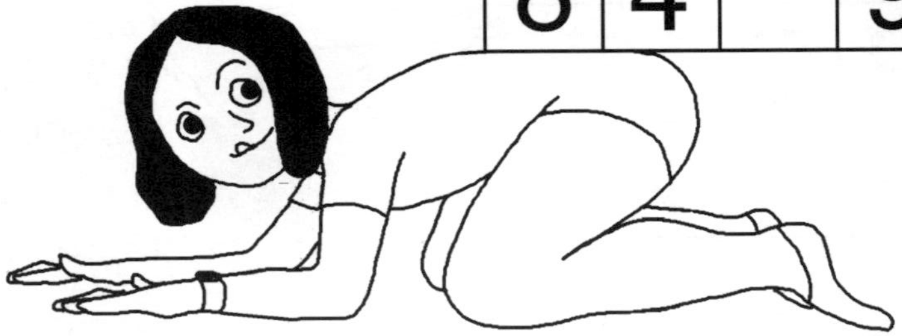

11

Fehlende Zahlen

Setze die fehlenden
Zahlen ein.
Jede Zeile und Spalte
muss die gleiche
Summe geben.

			4
	9	6	
8		7	10
4	9	8	9

12

Fehlende Zahlen

Setze die fehlenden Zahlen ein.
Jede Zeile und Spalte muss die gleiche Summe geben.

9	6		10
3	12	8	7
		11	
10			9

13

Fehlende Zahlen

Setze die fehlenden Zahlen ein.
Jede Zeile und Spalte muss die gleiche Summe geben.

11	8	6	4
3	9	8	
9	7		
		12	

14

Fehlende Zahlen

Setze die fehlenden Zahlen ein.
Jede Zeile und Spalte muss die gleiche Summe geben.

	6	10	
9	9	9	3
			10
5	8		10

15

Fehlende Zahlen

Setze die fehlenden Zahlen ein.
Jede Zeile und Spalte muss die gleiche Summe geben.

9	11	7	8
	8	13	
		10	14
10	14		

16

Zahlen verbinden

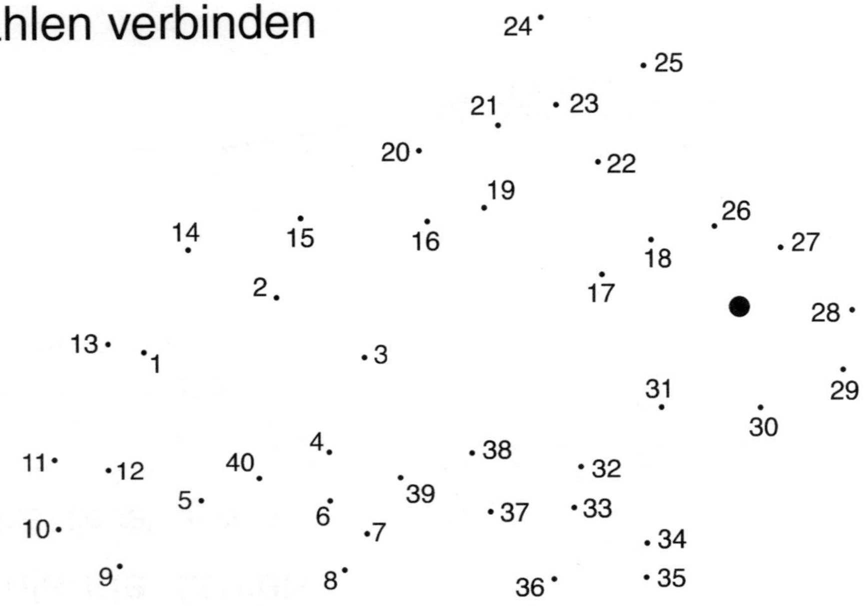

1

Zahlen verbinden

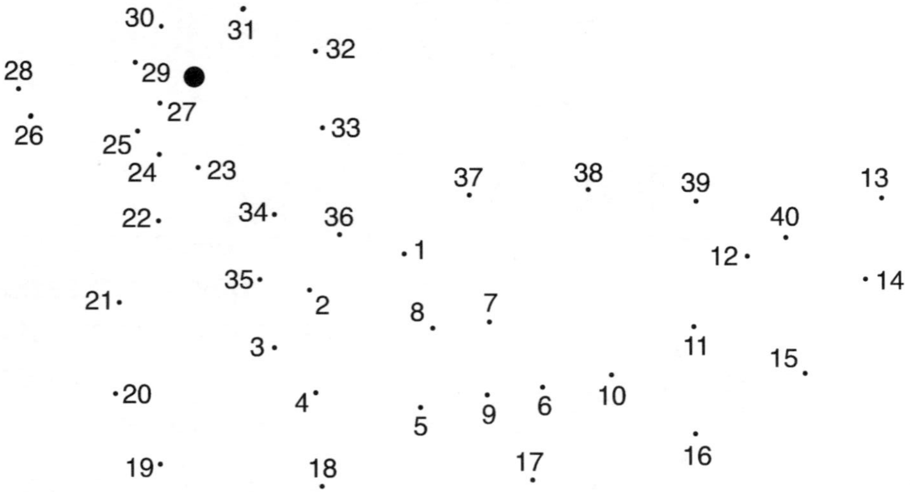

2

Zahlen verbinden

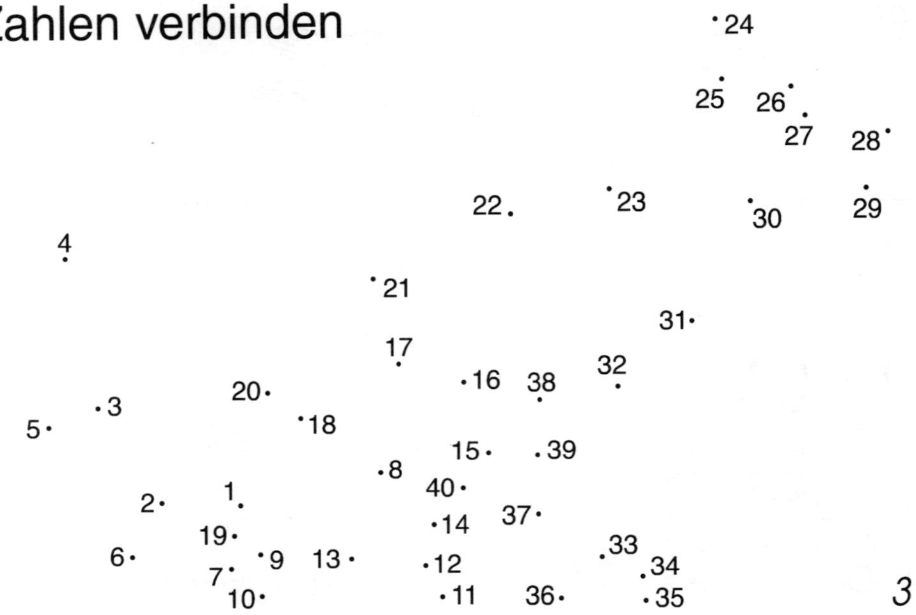

3

Zahlen verbinden

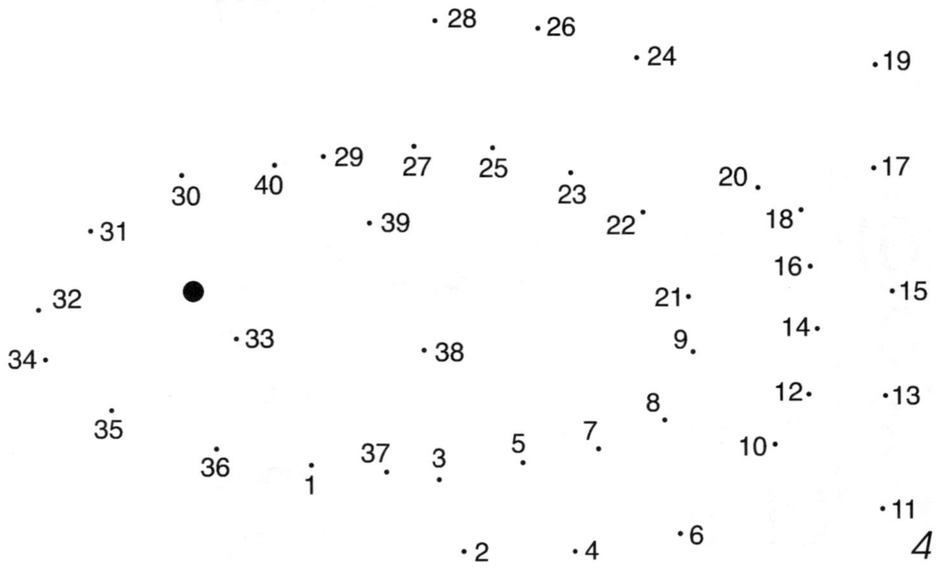

4

Zahlen verbinden

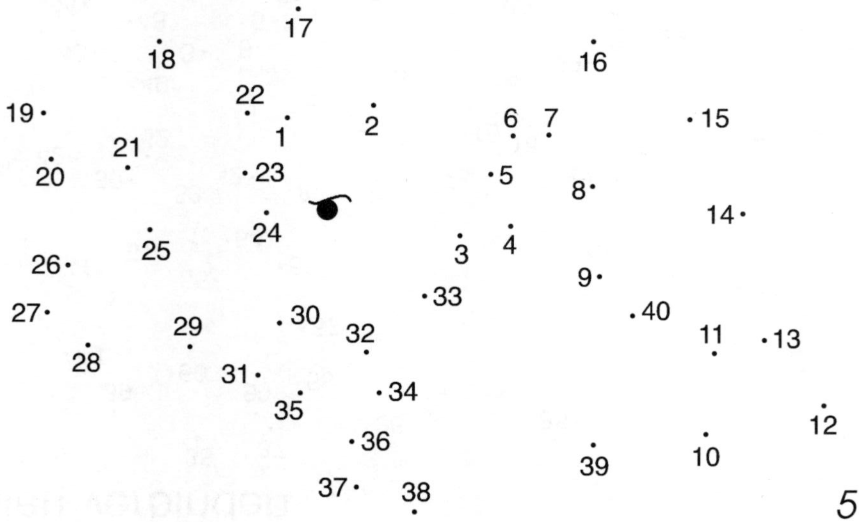

5

Zahlen verbinden

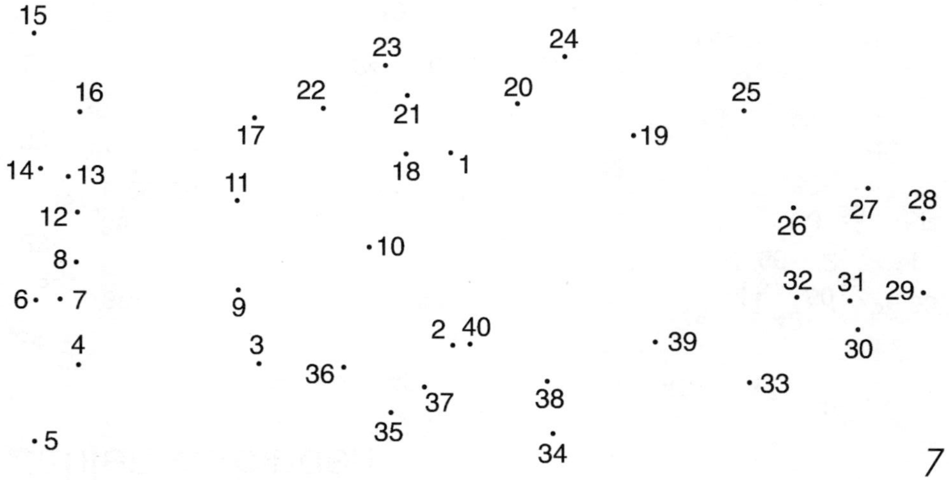

7

Zahlen verbinden

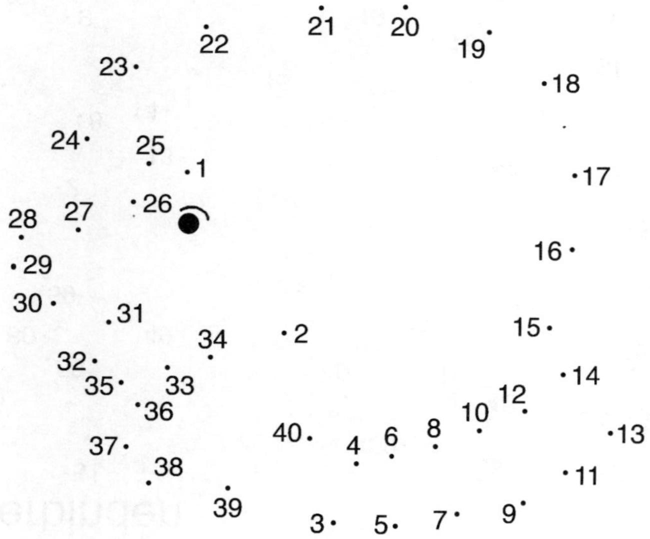

6

Zahlen verbinden

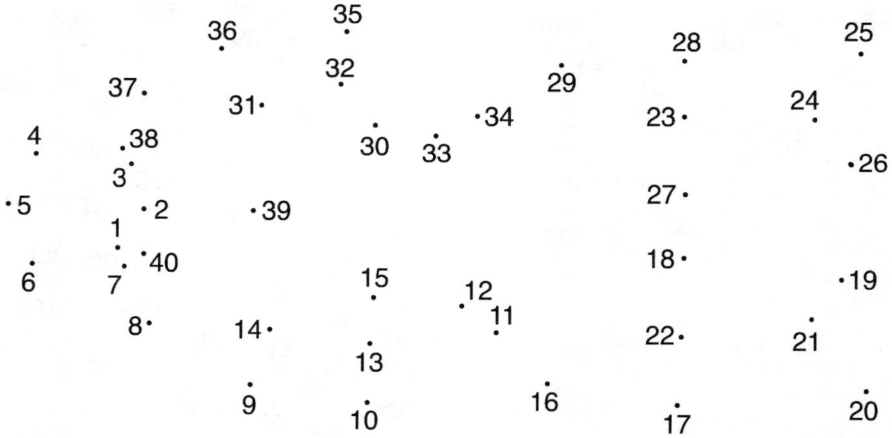

8

Zahlen verbinden

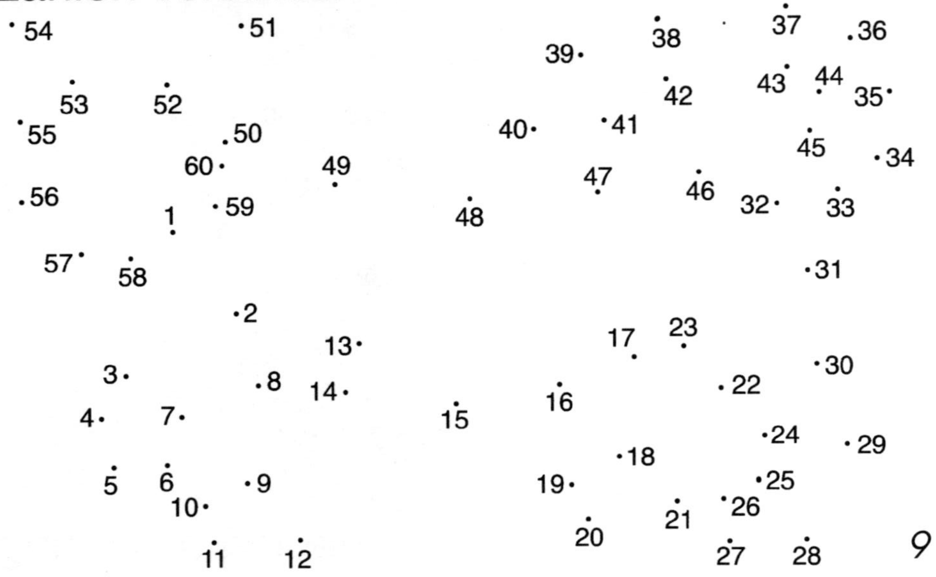

9

Zahlen verbinden

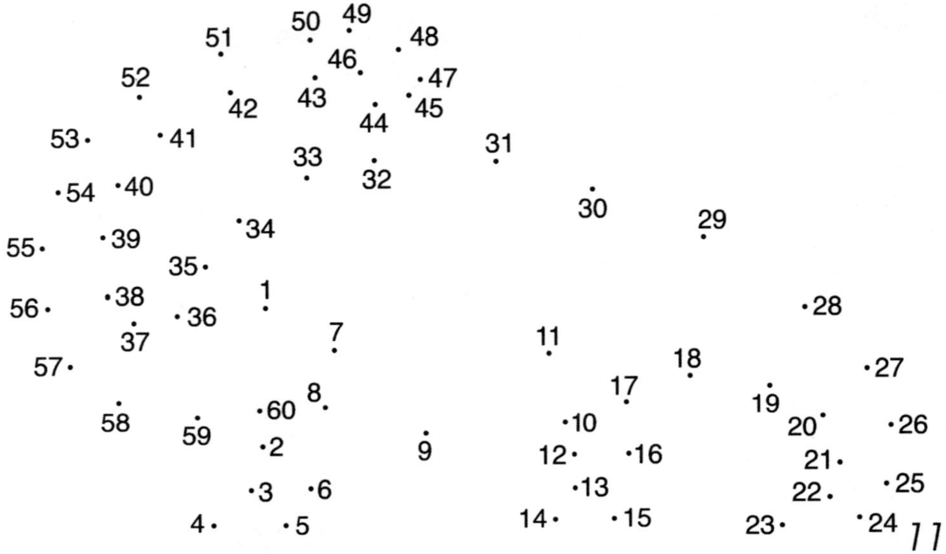

11

Zahlen verbinden

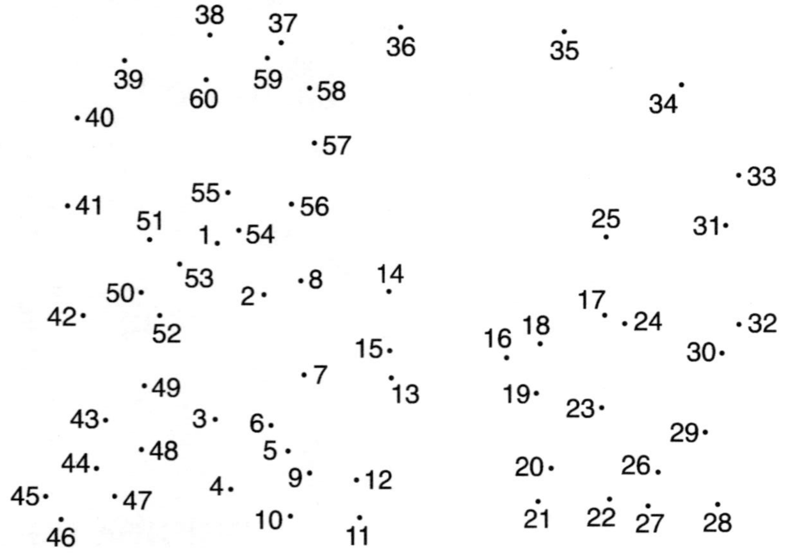

10

Zahlen verbinden

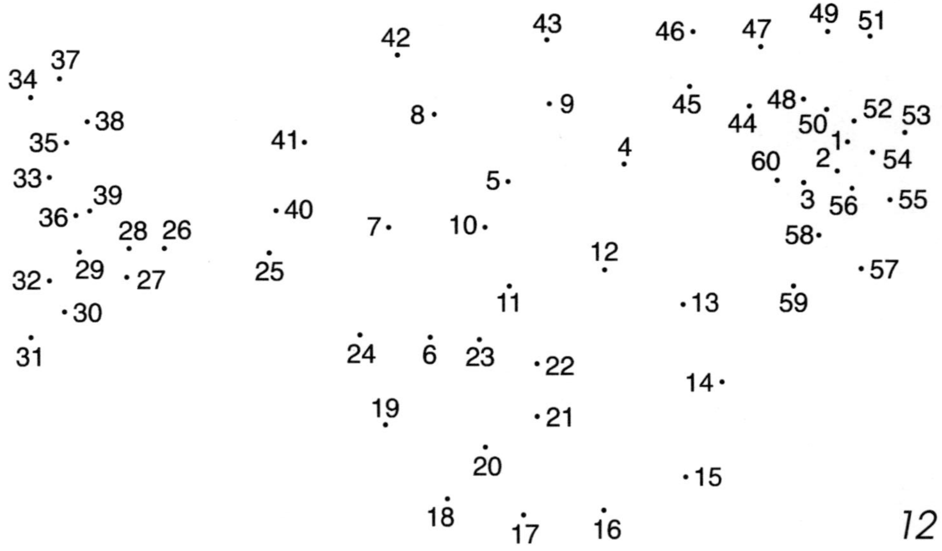

12

Zahlen verbinden

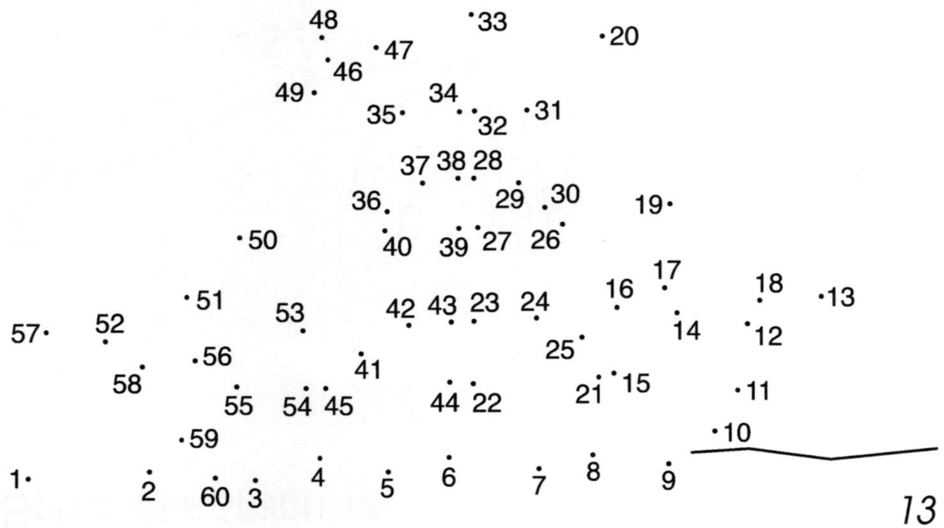

13

Zahlen verbinden

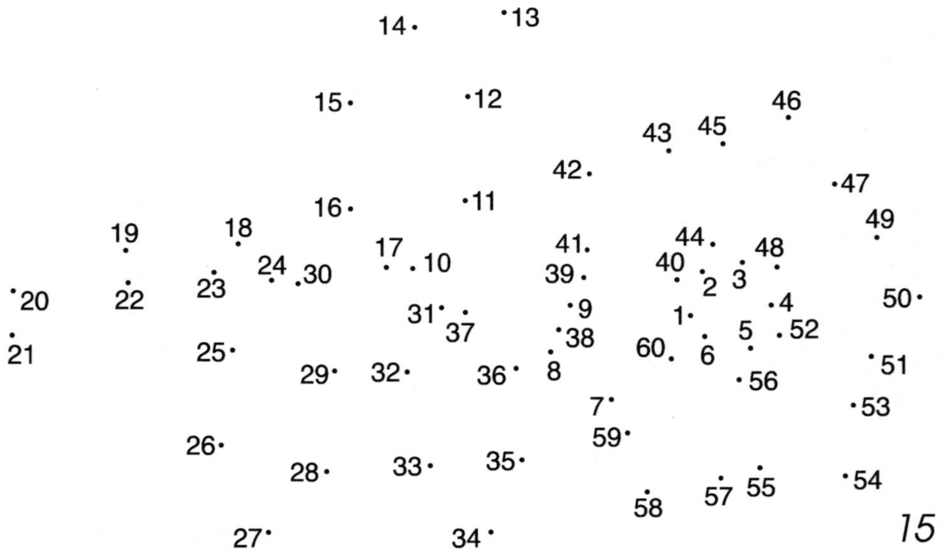

15

Zahlen verbinden

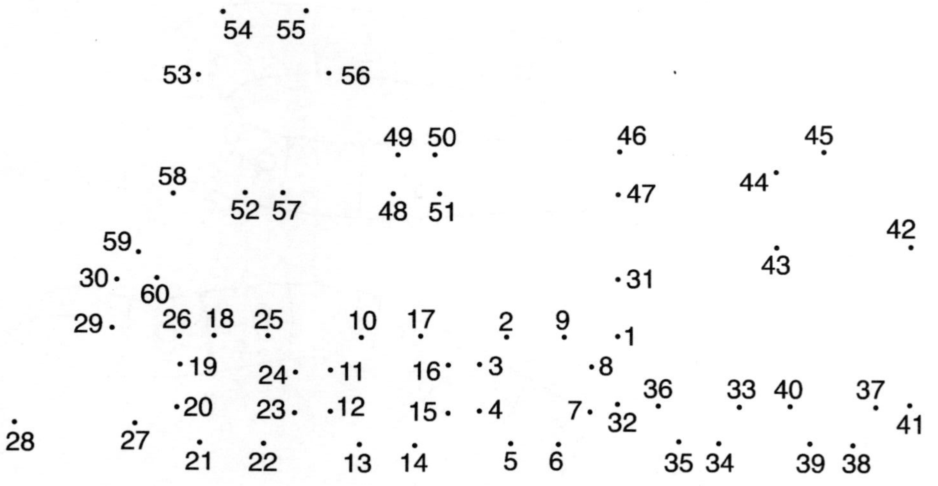

14

Zahlen verbinden

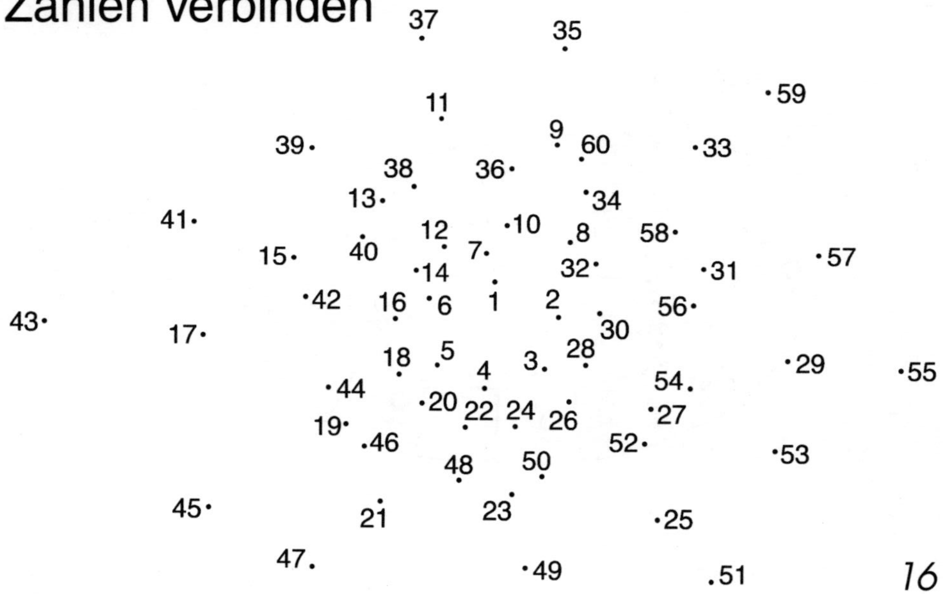

16

Schlangenrechnen

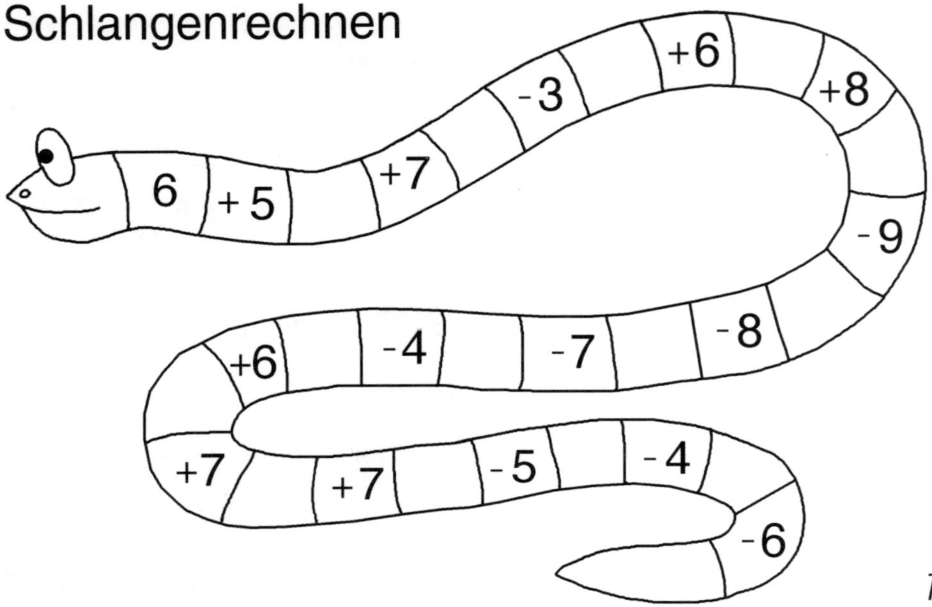

1

Schildkrötenrechnen

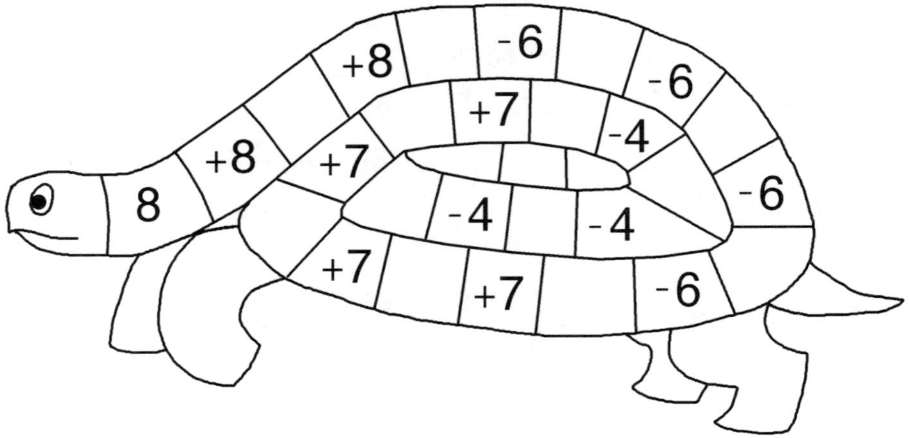

3

Schneckenrechnen

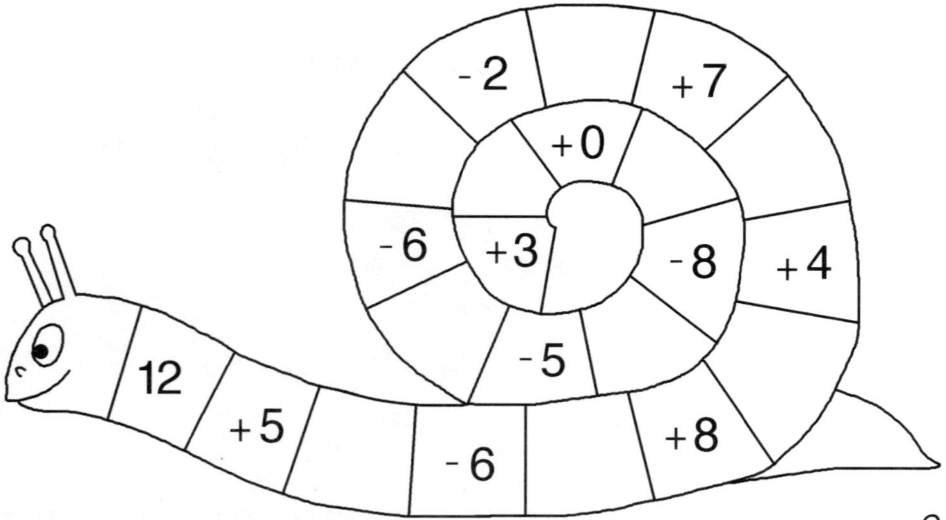

2

Entenrechnen

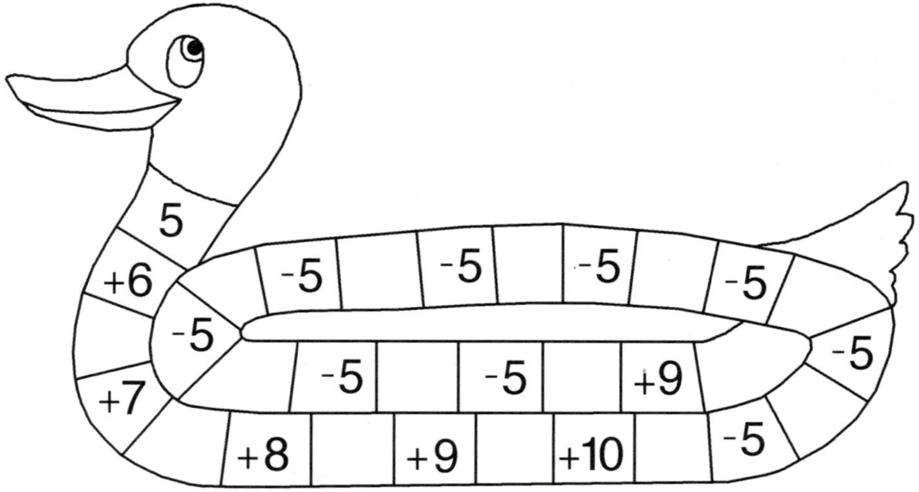

4

Schweinerechnen

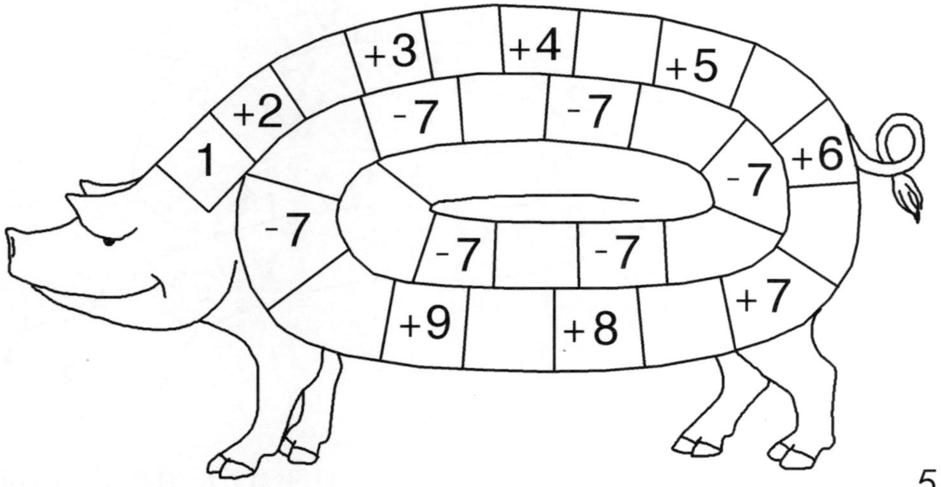

5

Kuhrechnen

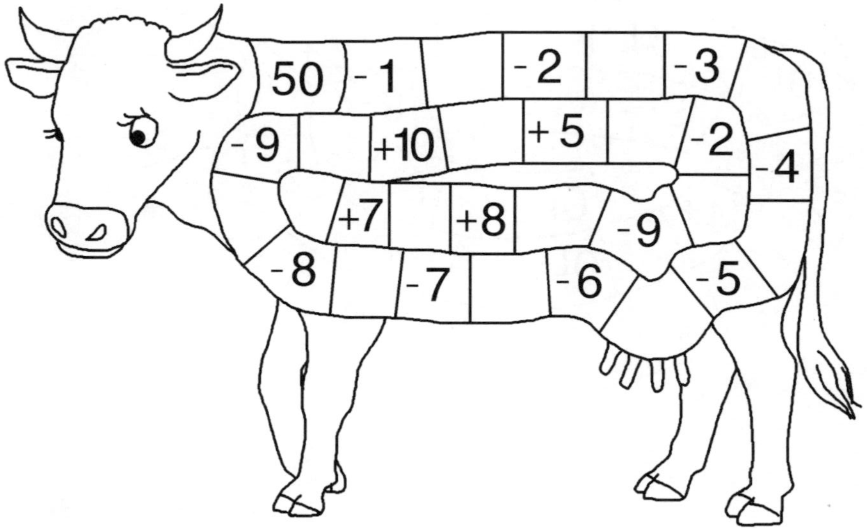

7

Saurierrechnen

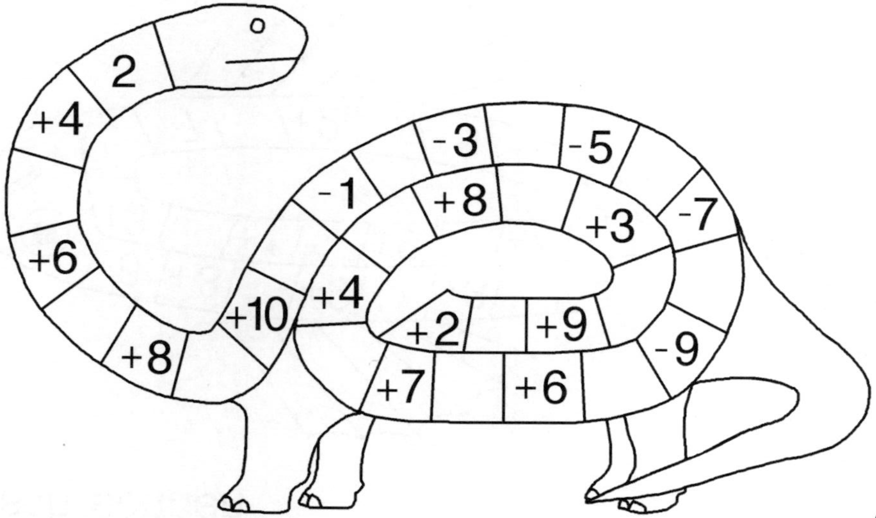

6

Elefantenrechnen

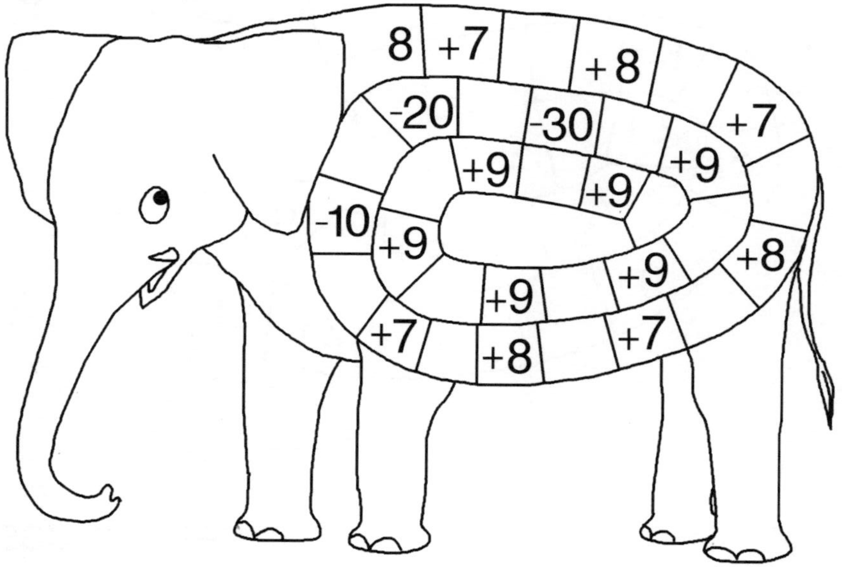

8

Fischrechnen

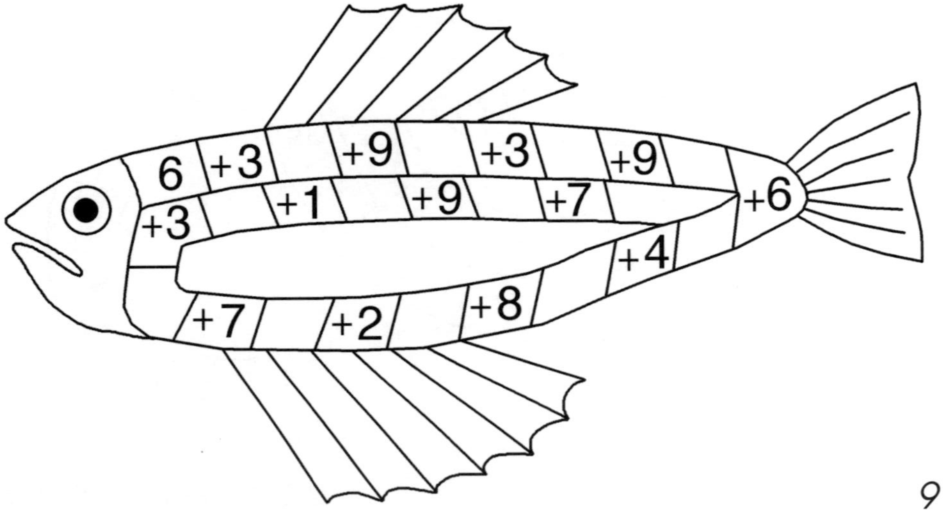

9

Hasenrechnen

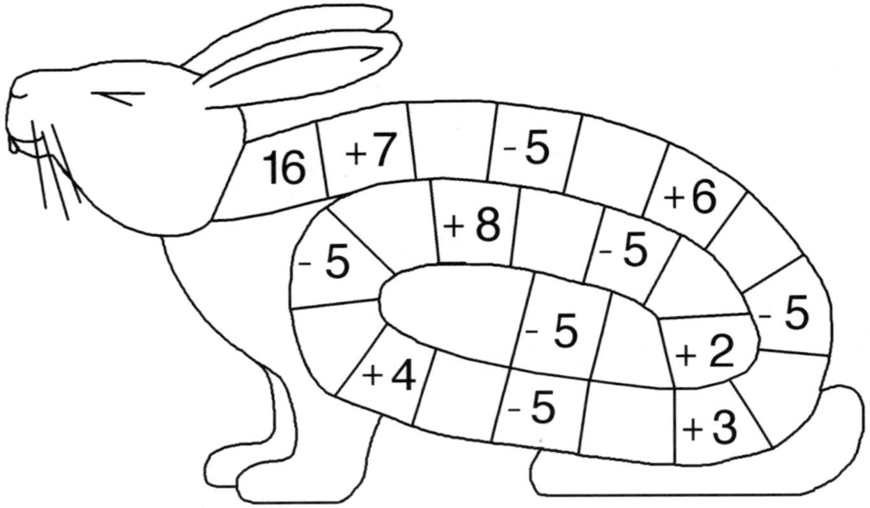

11

Robbenrechnen

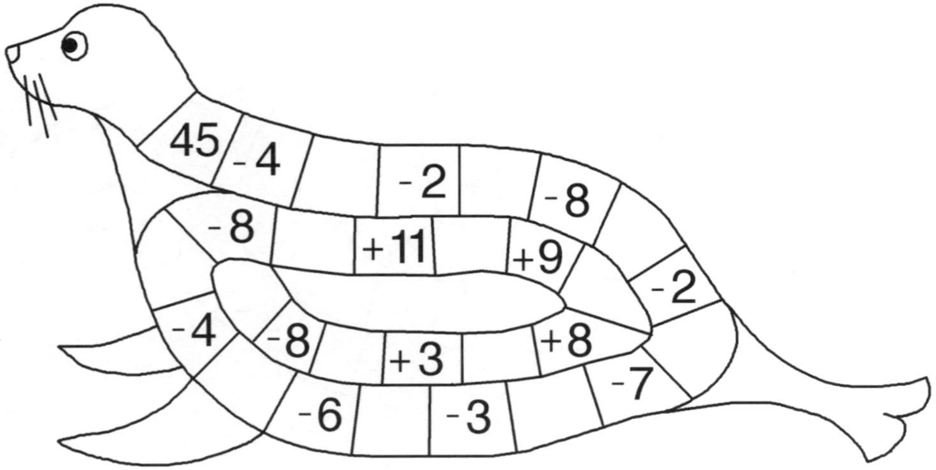

10

Katzenrechnen

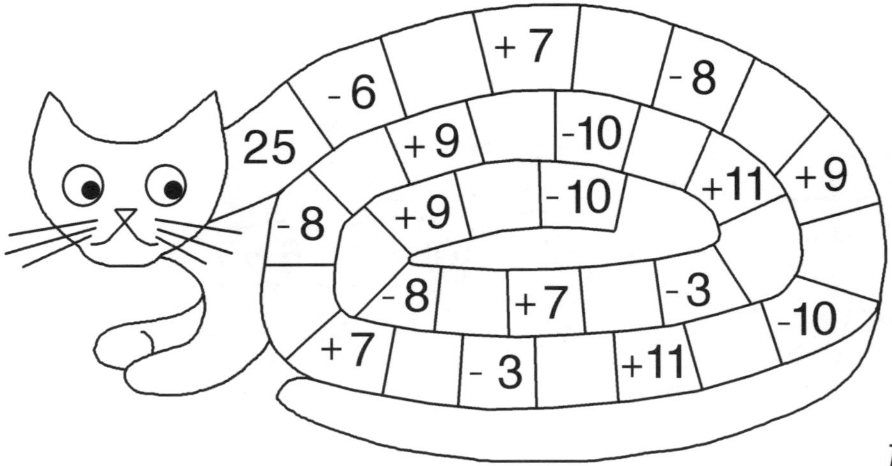

12

Froschrechnen

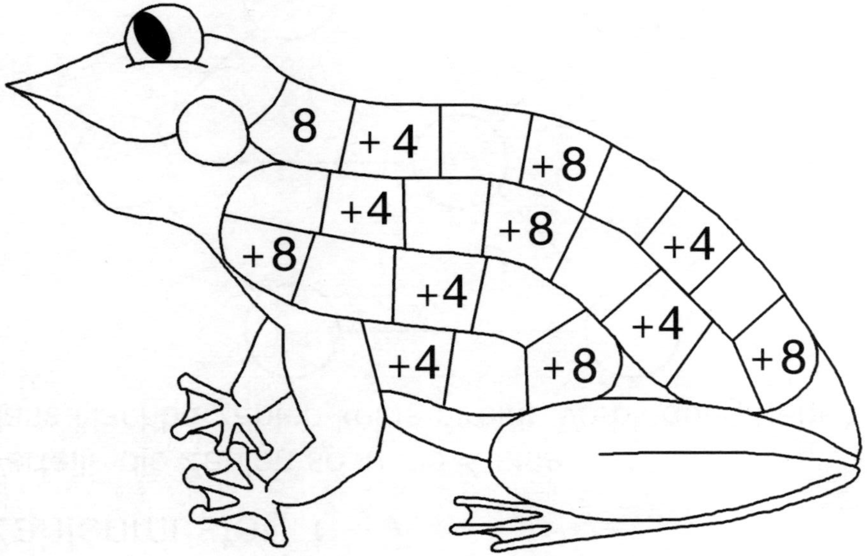

13

Delfinrechnen

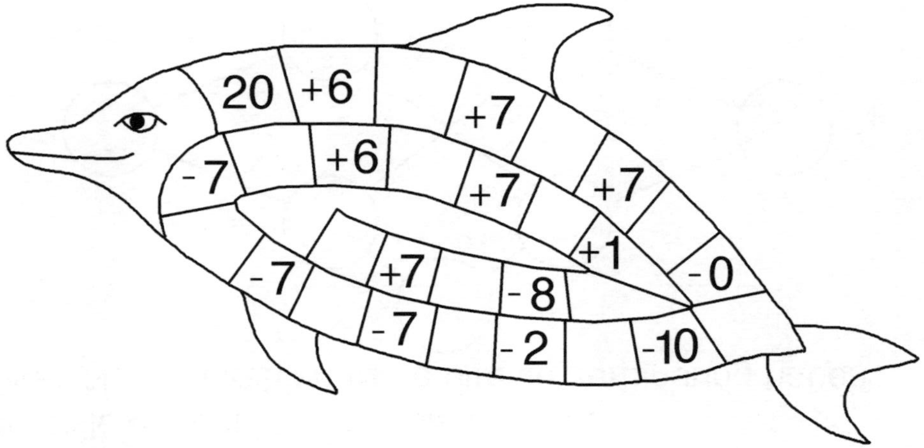

15

Schmetterlingsrechnen

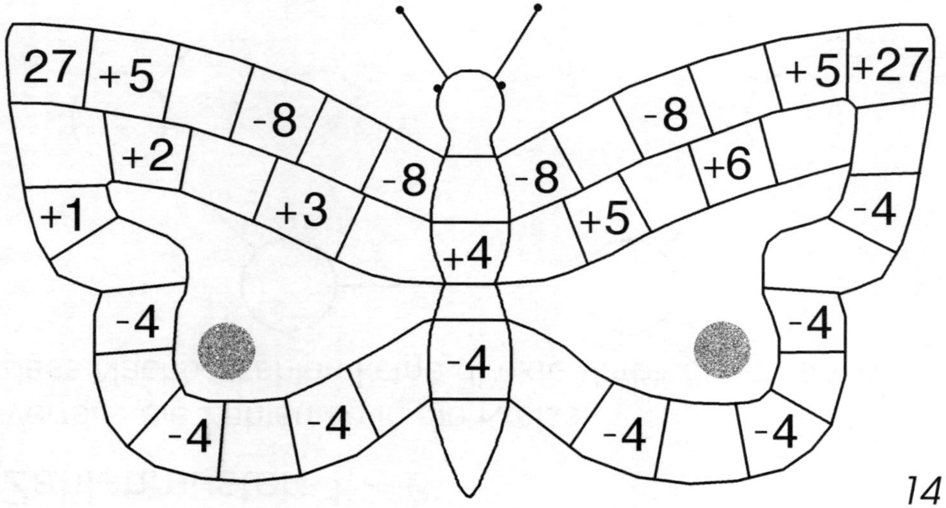

14

Kopfrechnen

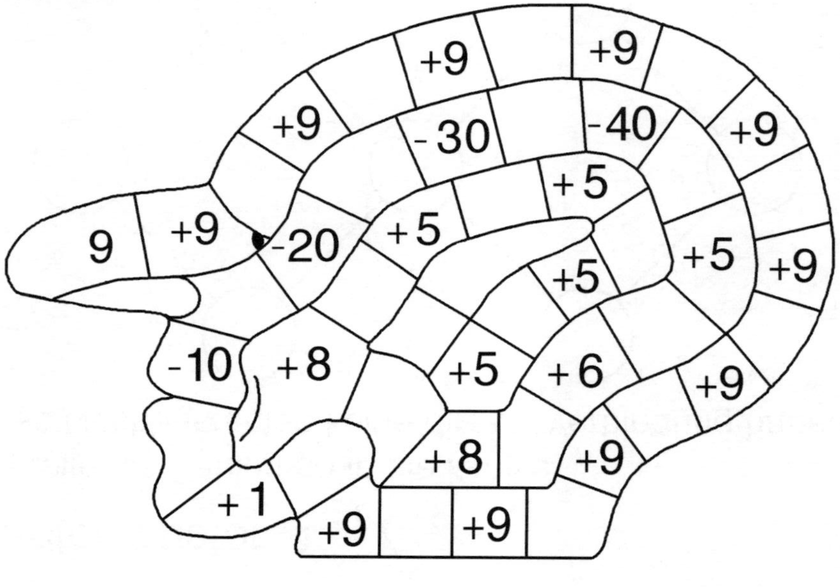

16

Zahlenmuster: 1 – 6

Verteile die Zahlen so in die Kreise,
dass Nachbarzahlen keine direkte Verbindung haben.

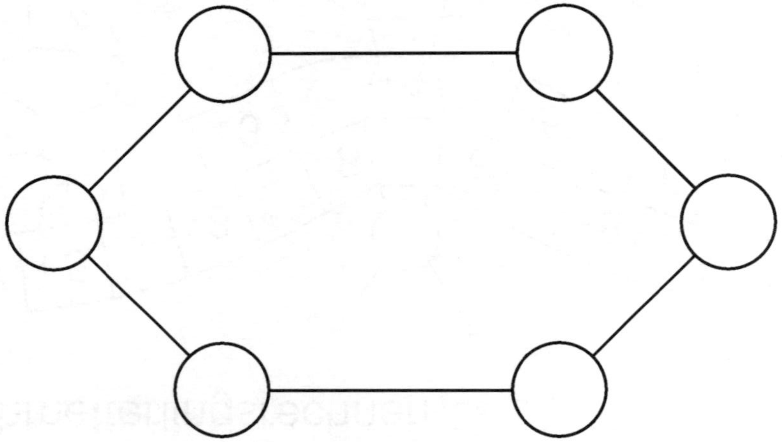

1

Zahlenmuster: 1 – 7

Verteile die Zahlen so in die Kreise,
dass Nachbarzahlen keine direkte Verbindung haben.

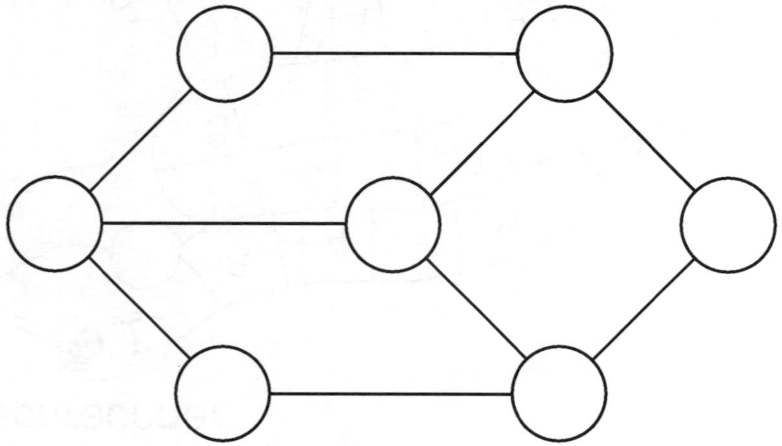

2

Zahlenmuster: 1 – 7

Verteile die Zahlen so in die Kreise,
dass Nachbarzahlen keine direkte Verbindung haben.

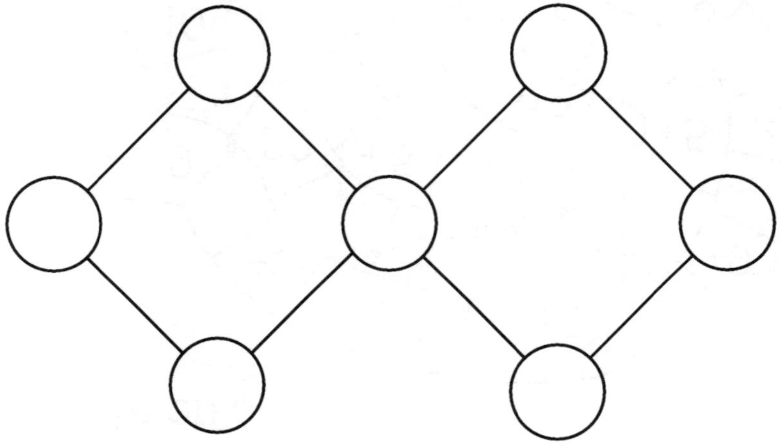

3

Zahlenmuster: 1 – 8

Verteile die Zahlen so in die Kreise,
dass Nachbarzahlen keine direkte Verbindung haben.

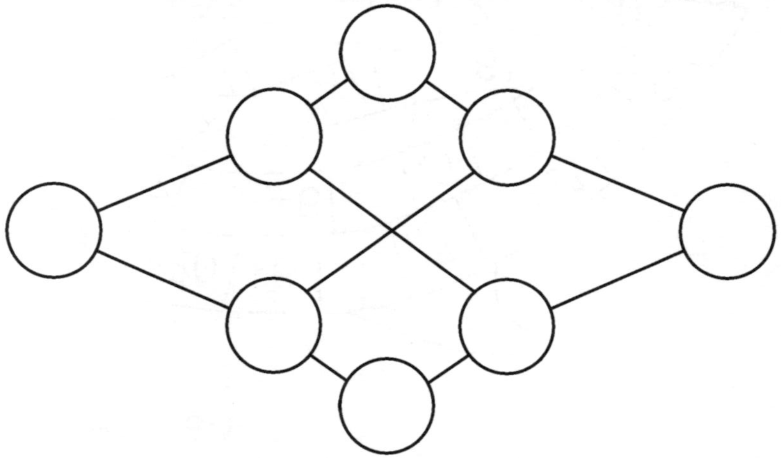

4

Zahlenmuster: 1 – 7

Verteile die Zahlen so in die Kreise,
dass Nachbarzahlen keine direkte Verbindung haben.

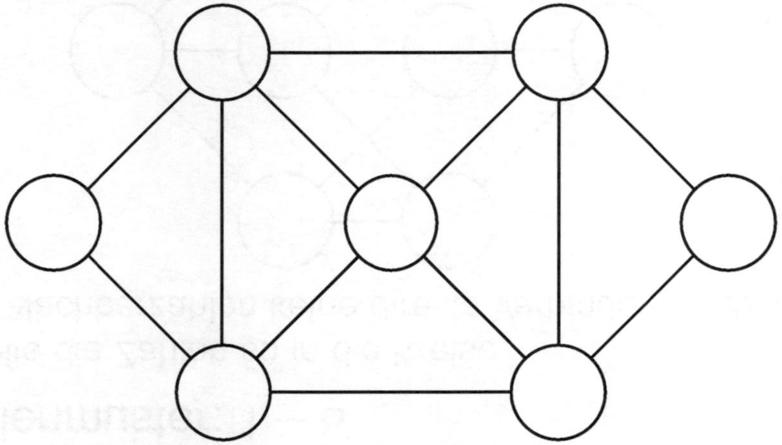

5

Zahlenmuster: 1 – 6

Verteile die Zahlen so in die Kreise,
dass Nachbarzahlen keine direkte Verbindung haben.

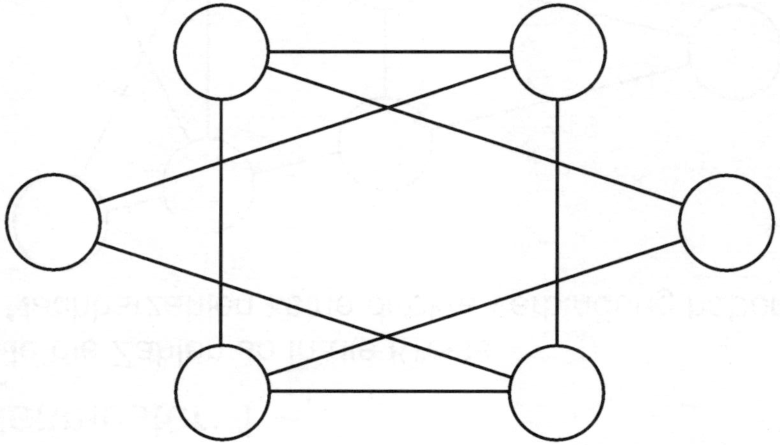

7

Zahlenmuster: 1 – 5

Verteile die Zahlen so in die Kreise,
dass Nachbarzahlen keine direkte Verbindung haben.

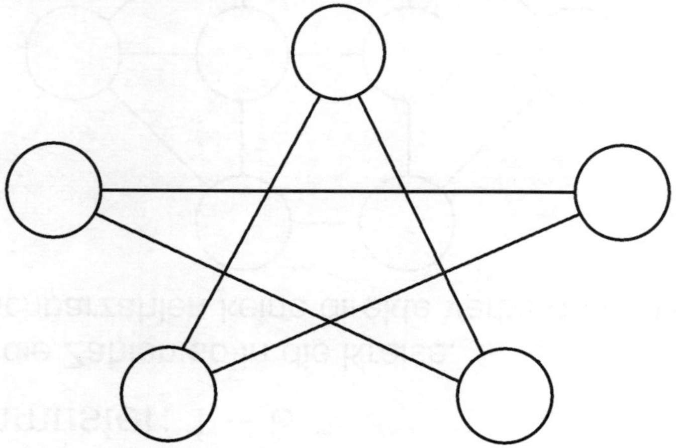

6

Zahlenmuster: 1 – 8

Verteile die Zahlen so in die Kreise,
dass Nachbarzahlen keine direkte Verbindung haben.

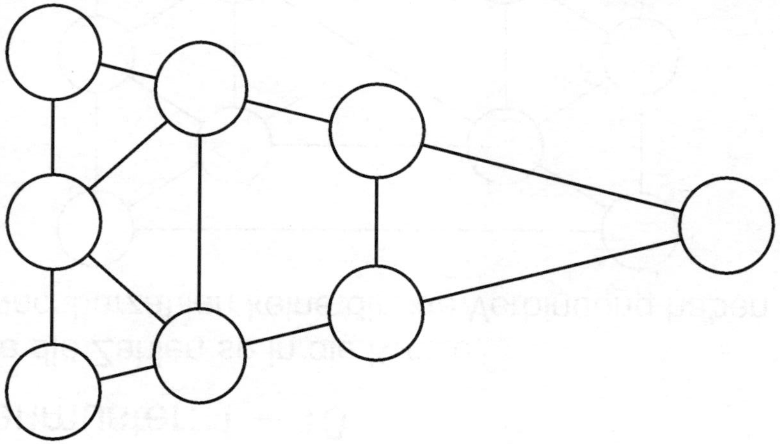

8

Zahlenmuster: 1 – 8

Verteile die Zahlen so in die Kreise,
dass Nachbarzahlen keine direkte Verbindung haben.

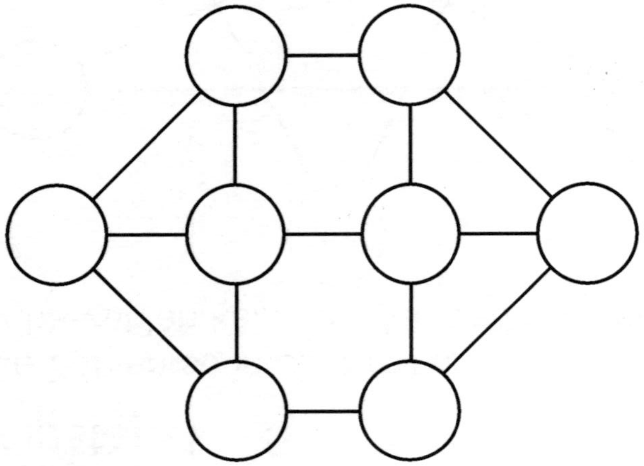

9

Zahlenmuster: 1 – 10

Verteile die Zahlen so in die Kreise,
dass Nachbarzahlen keine direkte Verbindung haben.

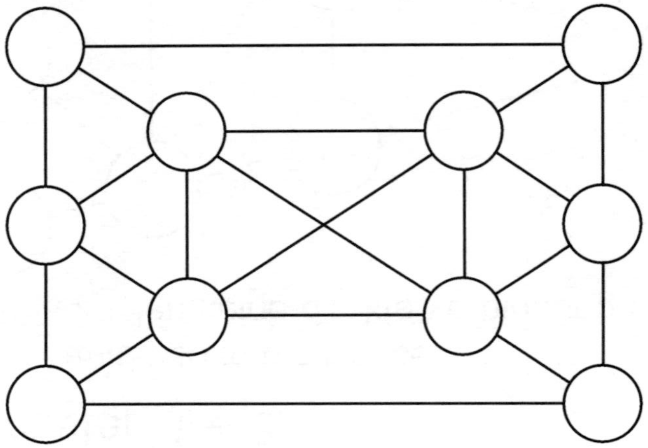

11

Zahlenmuster: 1 – 8

Verteile die Zahlen so in die Kreise,
dass Nachbarzahlen keine direkte Verbindung haben.

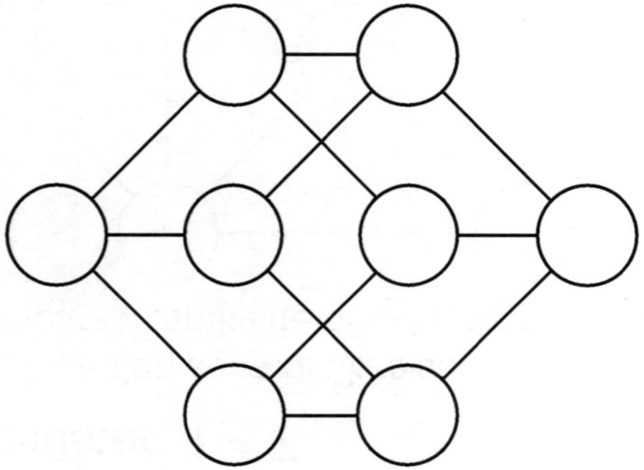

10

Zahlenmuster: 1 – 7

Verteile die Zahlen so in die Kreise,
dass Nachbarzahlen keine direkte Verbindung haben.

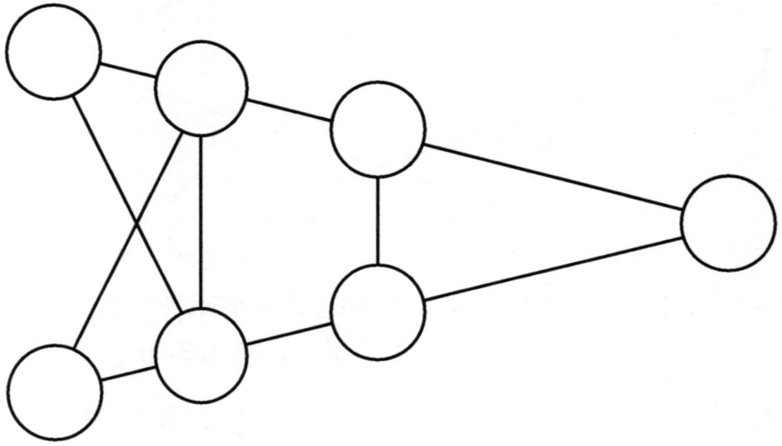

12

Zahlenmuster: 1 – 8

Verteile die Zahlen so in die Kreise, dass Nachbarzahlen keine direkte Verbindung haben.

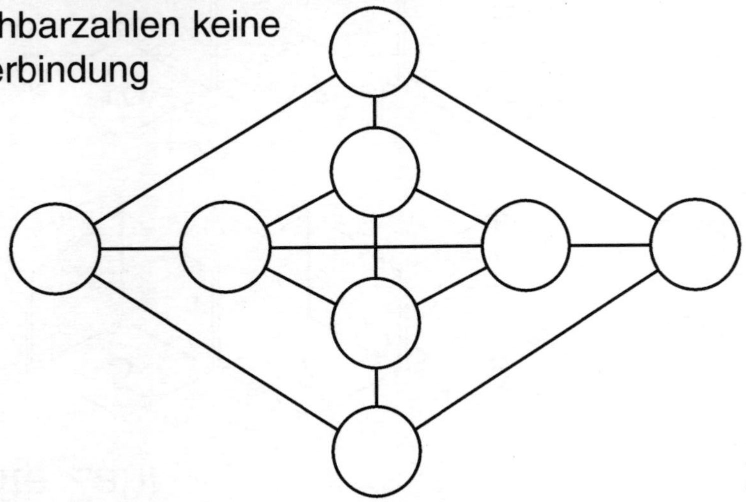

13

Zahlenmuster: 1 – 6

Verteile die Zahlen so in die Kreise, dass Nachbarzahlen keine direkte Verbindung haben.

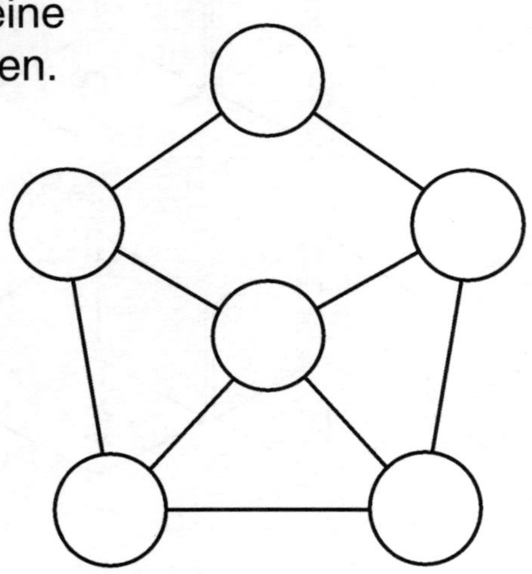

14

Zahlenmuster: 1 – 5

Verteile die Zahlen so in die Kreise, dass Nachbarzahlen keine direkte Verbindung haben.

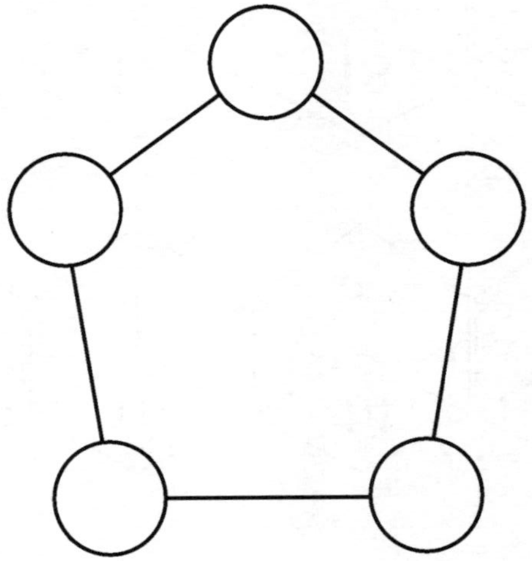

15

Zahlenmuster: 1 – 8

Verteile die Zahlen so in die Kreise, dass Nachbarzahlen keine direkte Verbindung haben.

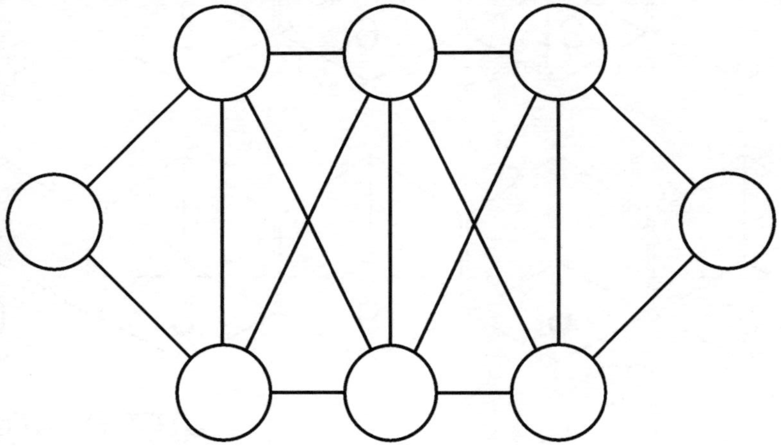

16

Die fünfte Zahl

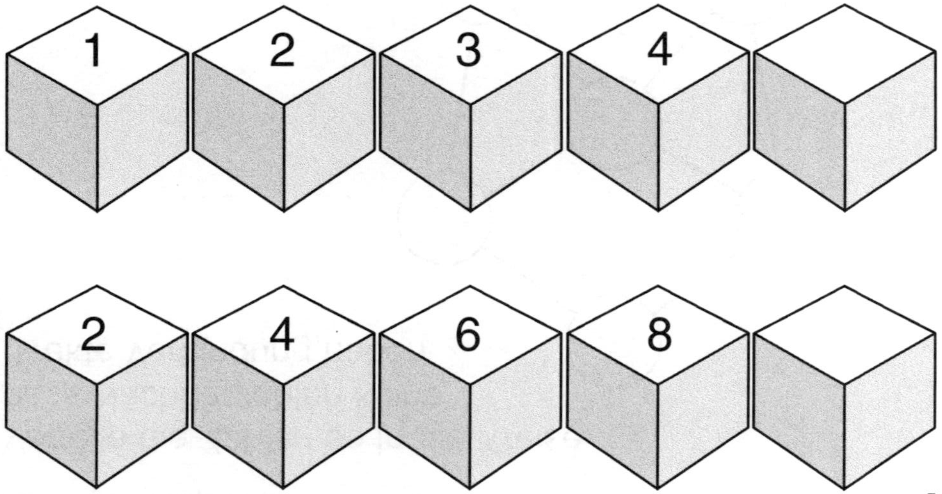

1

Die fünfte Zahl

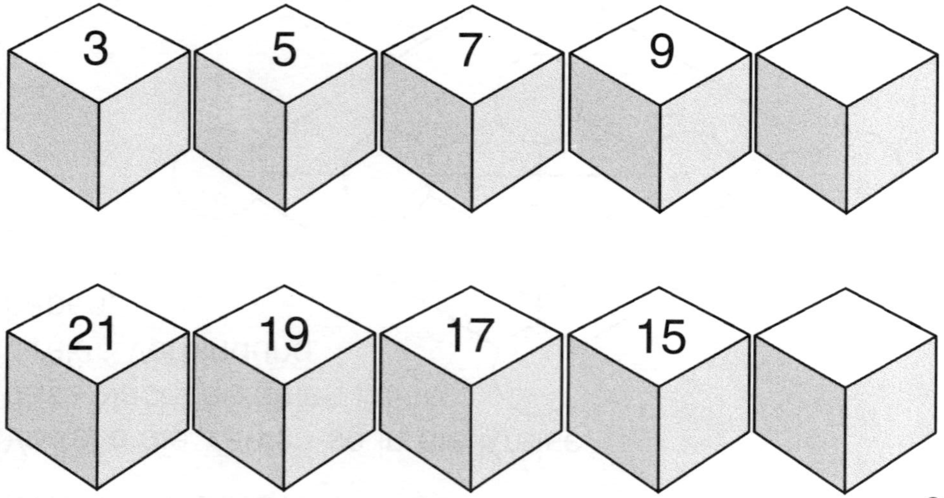

2

Die fünfte Zahl

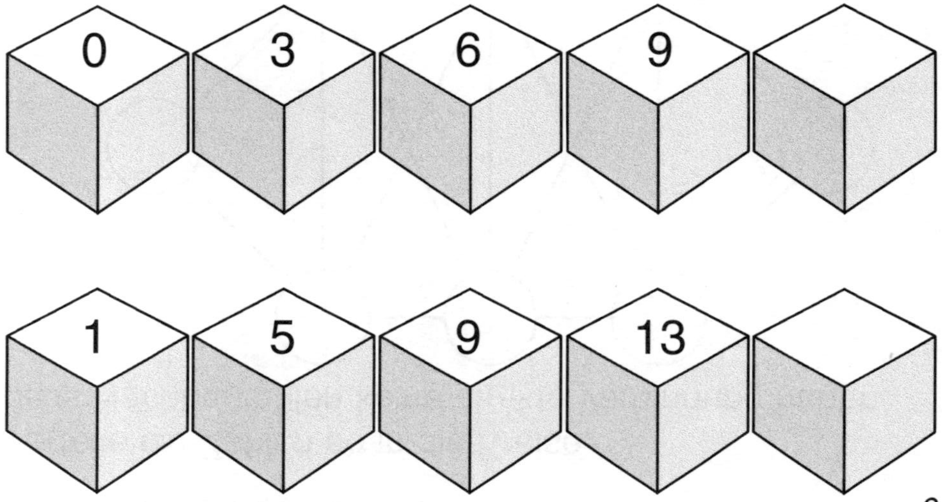

3

Die fünfte Zahl

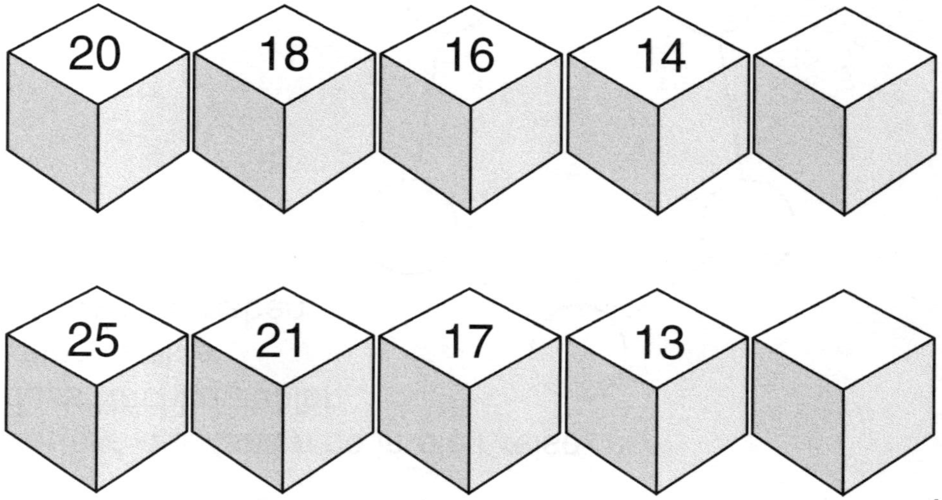

4

Die fünfte Zahl

8 7 6 5

19 18 16 13

5

Die fünfte Zahl

0 3 0 6

8 4 9 4

7

Die fünfte Zahl

1 2 5 6

21 18 17 14

6

Die fünfte Zahl

1 2 2 3

8 6 9 5

8

Die fünfte Zahl

7	14	21	28	
27	24	21	18	

9

Die fünfte Zahl

16	8	4	2	
48	24	12	6	

11

Die fünfte Zahl

1	2	4	7	
25	24	22	19	

10

Die fünfte Zahl

25	24	26	23	
13	15	11	17	

12

Die fünfte Zahl

1	11	21	31	
53	43	33	23	

13

Die fünfte Zahl

3	2	3	2	
8	10	9	11	

14

Die fünfte Zahl

32	29	35	26	
40	45	39	50	

15

Die fünfte Zahl

44	33	22	11	
40	50	70	80	

16

Lösungen

1. Die versteckten Punkte

Seite 1	15	6	12	Seite 9	25	19	22
Seite 2	14	6	10	Seite 10	13	25	15
Seite 3	10	11	14	Seite 11	21	25	27
Seite 4	11	11	9	Seite 12	19	17	21
Seite 5	10	9	7	Seite 13	26	18	23
Seite 6	15	12	6	Seite 14	28	19	19
Seite 7	14	9	7	Seite 15	27	17	20
Seite 8	7	15	12	Seite 16	20	12	25

2. Rechenpyramide

Seite 1	7 5 3; 12 8; 20	Seite 9	2 3 4; 1 1; 0
Seite 2	7 4 3; 11 7; 18	Seite 10	5 6 10; 1 4; 3
Seite 3	5 6 5; 11 11; 22	Seite 11	3 7 2; 4 5; 1
Seite 4	3 5 7; 8 12; 20	Seite 12	5 9 6; 4 3; 1
Seite 5	5 6 9; 11 15; 26	Seite 13	3 5 10; 2 5; 3
Seite 6	9 6 7; 15 13; 28	Seite 14	5 14 9; 9 5; 4
Seite 7	8 7 6; 15 13; 28	Seite 15	7 5 4; 2 1; 1
Seite 8	9 5 6; 14 11; 25	Seite 16	6 12 2; 6 10; 4

3. Zahlensuche

Seite 1 Fisch

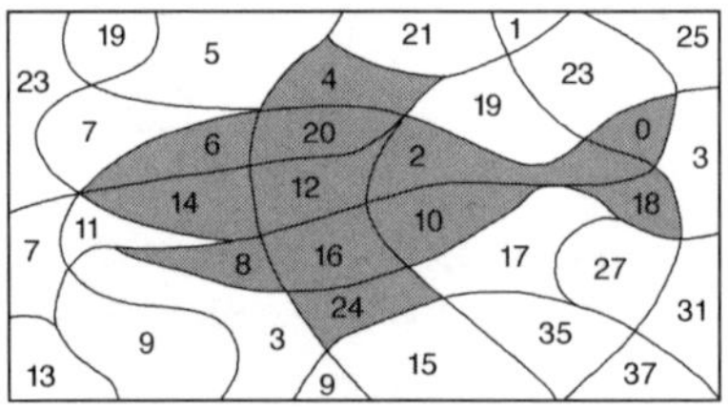

Seite 2 Rakete

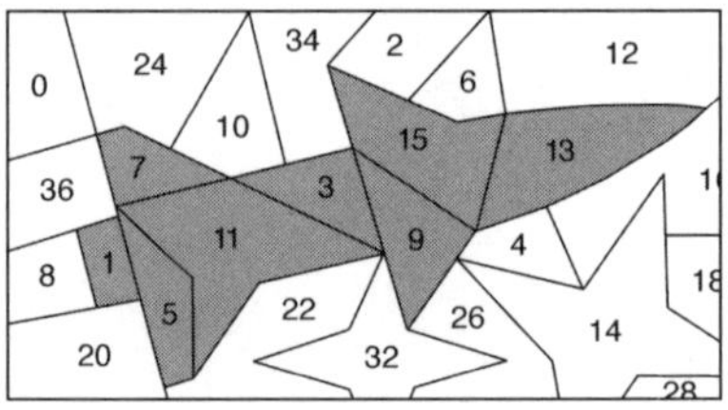

Seite 3 Pinguin

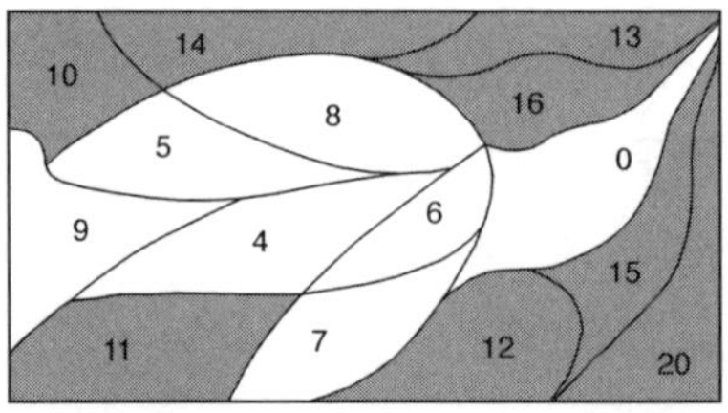

Seite 4 Stöckelschuh

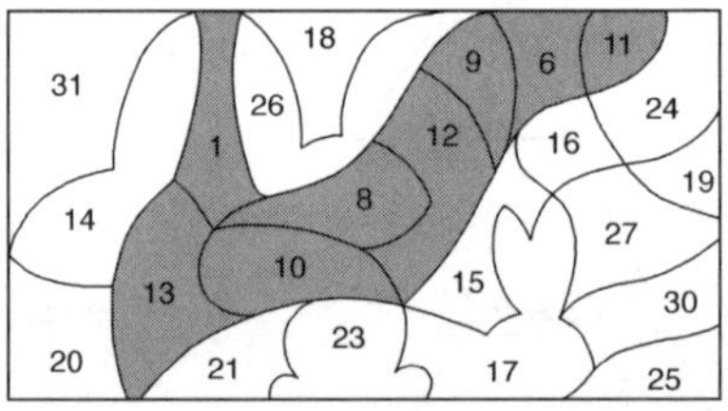

Seite 5 Haus

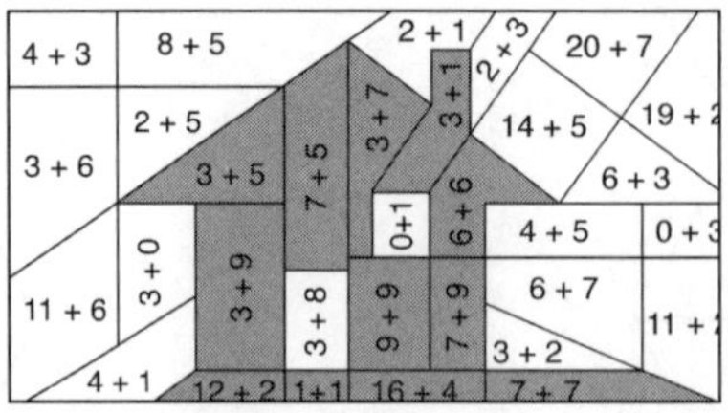

Seite 6 Hammer

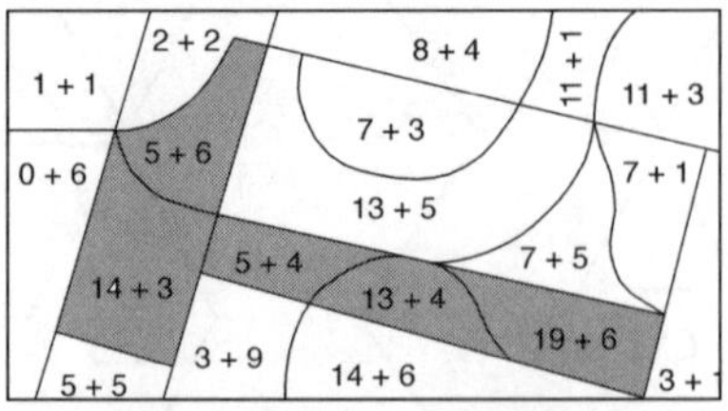

Seite 7 Birne

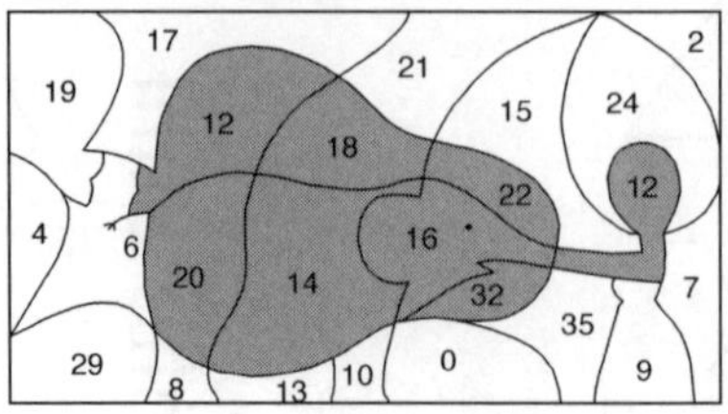

Seite 8 Vogel

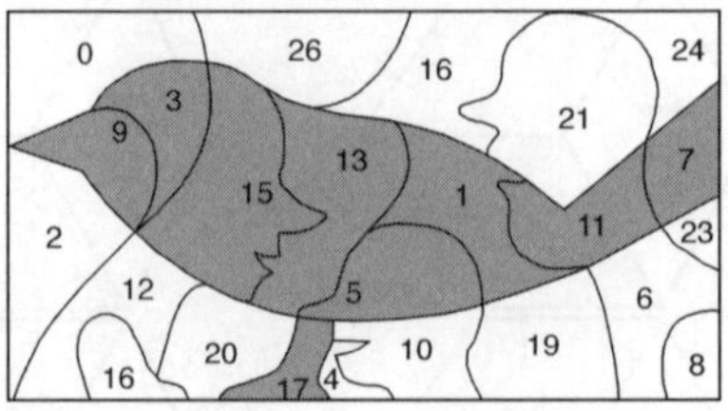

Seite 9 Papagei

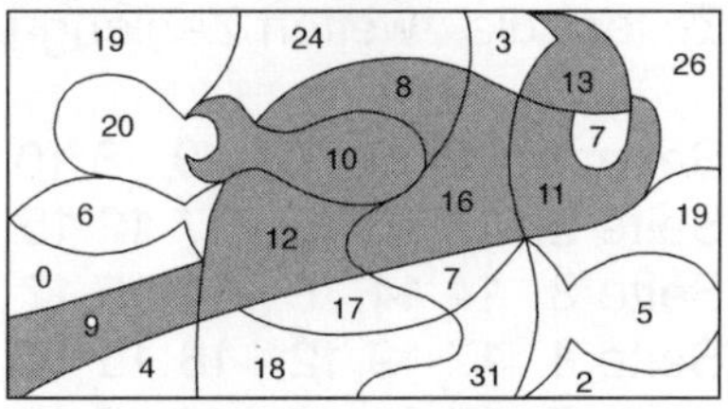

Seite 10 Kopf

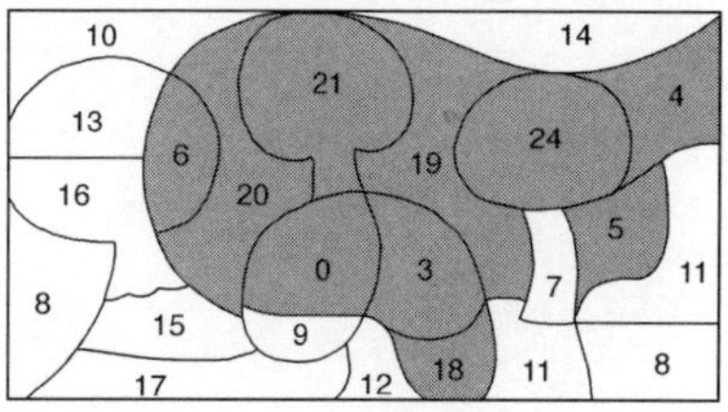

Seite 11 Glockenblumen

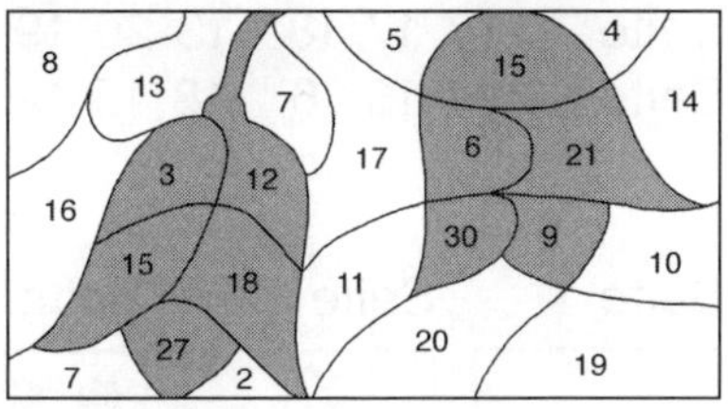

Seite 12 Hund

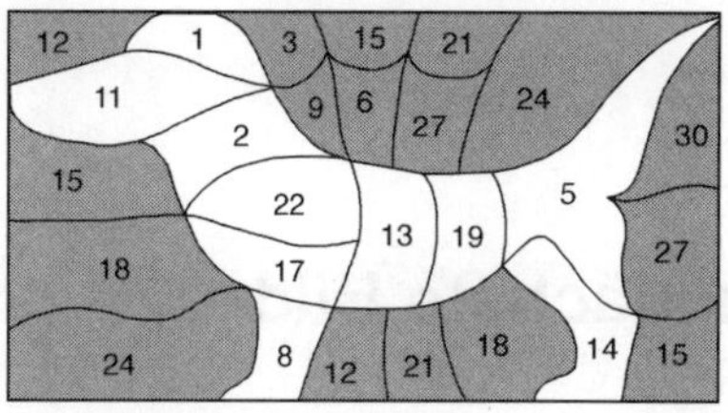

Seite 13 F

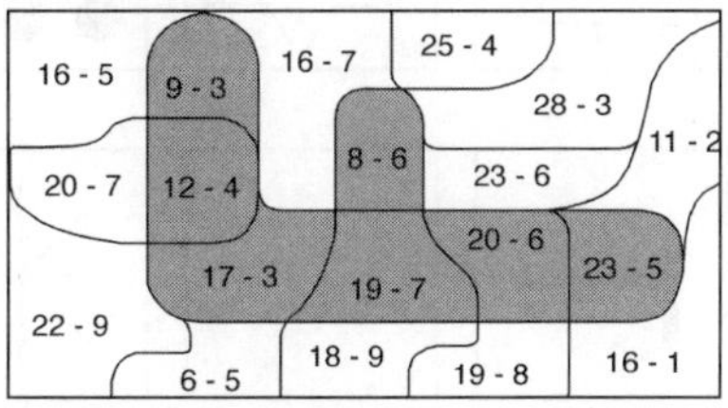

Seite 14 Auto

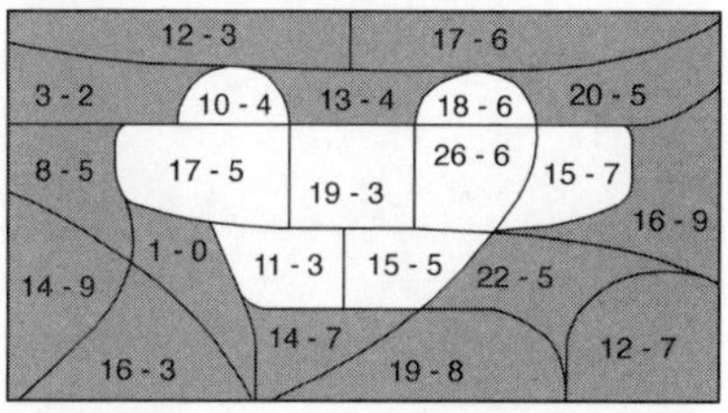

Seite 15 Katze

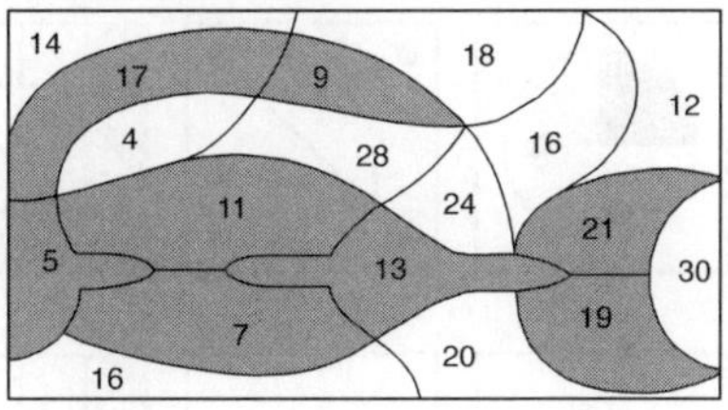

Seite 16 Schneemann

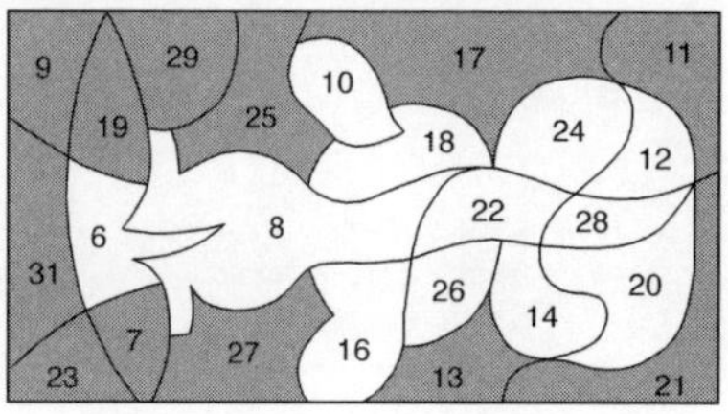

4. Besucher im Turm

Seite 1	7		Seite 9	2	6
Seite 2	4		Seite 10	7	2
Seite 3	7		Seite 11	9	3
Seite 4	1		Seite 12	5	2
Seite 5	8		Seite 13	7	8
Seite 6	4		Seite 14	5	10
Seite 7	6		Seite 15	2	5
Seite 8	5		Seite 16	5	9

5. Immer 3 Felder

Seite 1	4	3	5	3	5	6	Seite 9	7	3	4	4 2	9
Seite 2	4	3	6	7	3	5	Seite 10	4	5	7	9 4	5
Seite 3	3	8	5	4	9	5	Seite 11	3	9	5	5 2	11
Seite 4	6	4	7	9	4	6	Seite 12	3	7	9	2 7	11
Seite 5	7	8	5	8	6	9	Seite 13	4	8	9	5 8	9
Seite 6	12	6	4	8	4	9	Seite 14	4	8	11	4 12	8
Seite 7	11	7	8	8	5	11	Seite 15	6	7	12	7 8	11
Seite 8	11	6	8	15	4	9	Seite 16	7	9	11	7 9	12

6. Zahlenvogel

Die ersten Zahlen entsprechen den Ergebnissen der waagrechten Zeilen, die zweiten Zahlengruppen denen der senkrechten Spalten.

Seite 1	9 10 8	9 8 10
Seite 2	13 16 15	17 12 15
Seite 3	14 14 18	14 15 17
Seite 4	17 19 12	18 16 14
Seite 5	17 21 15	19 16 18
Seite 6	19 18 18	21 18 16
Seite 7	17 17 18	13 20 19
Seite 8	24 15 6	18 15 12

Seite 9	14 16 10 12	10 13 17 12
Seite 10	14 16 18 15	14 17 20 12
Seite 11	18 15 20 20	18 17 20 18
Seite 12	22 23 16 20	19 21 20 21
Seite 13	22 21 16 15	19 20 16 19
Seite 14	20 26 25 25	20 27 26 23
Seite 15	20 20 20 24	22 15 29 18
Seite 16	24 20 16 20	22 20 20 18

7. Das nächste Bild

Seite 1 Seite 2 Seite 3 Seite 4 Seite 5 Seite 6

Seite 7 Seite 8 Seite 9 Seite 10 Seite 11 Seite 12

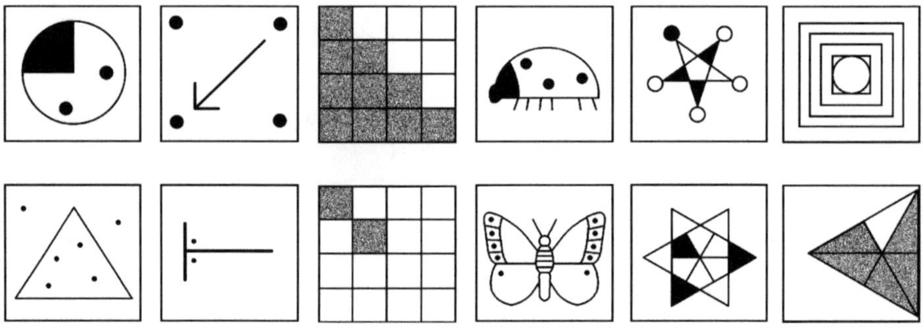

Seite 13 Seite 14 Seite 15 Seite 16

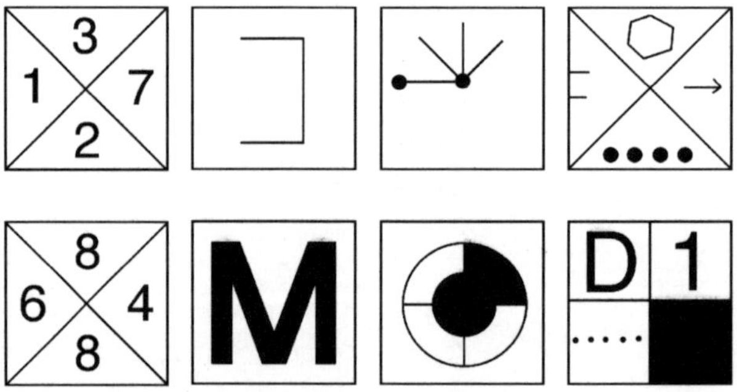

8. Fehlende Zahlen

Seite 1

1	4	5	2
4	1	2	**5**
2	3	2	**5**
5	**4**	**3**	**0**

Seite 2

2	4	**6**	3
3	**1**	4	**7**
7	5	**2**	1
3	**5**	**3**	4

Seite 3

8	4	3	3
2	5	**7**	4
3	3	5	7
5	6	**3**	**4**

Seite 4

3	**8**	6	**3**
5	2	**5**	**8**
4	7	5	4
8	3	4	5

Seite 5

6	**5**	4	**3**
5	2	**4**	7
3	**8**	**5**	2
4	3	5	6

Seite 6

6	**9**	3	4
7	**2**	5	**8**
4	3	8	7
5	8	6	**3**

Seite 7

6	5	4	**6**
4	8	**3**	**6**
5	7	6	3
6	**1**	8	6

Seite 8

7	5	**1**	**6**
3	4	**7**	5
6	**4**	3	6
3	6	8	2

Seite 9

7	5	3	8
2	6	**9**	6
6	**8**	**6**	3
8	4	**5**	**6**

Seite 10

7	**6**	**8**	4
9	5	**2**	9
4	**5**	8	**8**
5	9	7	4

Seite 11

8	**6**	**8**	5
5	9	7	6
6	8	6	**7**
8	4	**6**	9

Seite 12

10	**7**	**9**	4
8	9	6	**7**
8	**5**	7	10
4	9	8	9

Seite 13

9	6	**5**	10
3	12	8	7
8	**7**	11	**4**
10	**5**	**6**	9

Seite 14

11	8	6	4
3	9	8	**9**
9	7	**3**	**10**
6	**5**	12	**6**

Seite 15

7	6	10	**7**
9	9	9	3
9	**7**	**4**	10
5	8	**7**	10

Seite 16

9	11	7	8
7	8	13	**7**
9	**2**	10	14
10	14	**5**	**6**

9. Zahlen verbinden

Seite 1	Hase	Seite 9	Katze
Seite 2	Ente	Seite 10	Elefant
Seite 3	Hund	Seite 11	Saurier («Langhals»)
Seite 4	Fisch	Seite 12	Hahn
Seite 5	Knabenkopf	Seite 13	Segelschiff
Seite 6	Mädchenkopf	Seite 14	Dampflokomotive
Seite 7	Mann	Seite 15	Blume
Seite 8	Frau	Seite 16	Doppelstern

10. Schlangenrechnen

Seite 1	6	Seite 9	77
Seite 2	12	Seite 10	24
Seite 3	16	Seite 11	16
Seite 4	9	Seite 12	29
Seite 5	3	Seite 13	72
Seite 6	44	Seite 14	21
Seite 7	24	Seite 15	20
Seite 8	54	Seite 16	47

11. Zahlenmuster

Bei diesen Aufgaben sind oft **verschiedene Lösungen** möglich, insbesondere sind dies Spiegelungen oder Umkehrungen der Zahlenwerte (1 entspricht z.B. 8; 2 der 7, 3 der 6 usw.).
Die Lösungszahlen werden hier von links nach rechts aufgeführt, bei senkrecht übereinander stehenden Zahlen jeweils zuerst die obere.

Seite 1	1 3 5 6 2 4	Seite 9	3 5 8 1 7 2 6 4
Seite 2	5 2 3 1 6 7 4	Seite 10	8 2 3 6 5 4 1 7
Seite 3	3 5 6 1 4 7 2	Seite 11	2 4 6 8 10 3 1 5 7 9
Seite 4	1 5 4 2 6 7 8 3	Seite 12	3 4 1 7 6 5 2
Seite 5	2 6 4 1 3 5 7	Seite 13	1 4 5 8 6 3 2 7
Seite 6	2 3 1 4 5	Seite 14	4 3 2 1 5 6
Seite 7	3 2 4 5 1 6	Seite 15	4 2 1 5 3
Seite 8	3 1 5 6 8 4 2 7	Seite 16	7 3 5 1 8 4 6 2

12. Die fünfte Zahl

Seite 1	5	10	Seite 9	35	15
Seite 2	11	13	Seite 10	11	15
Seite 3	12	17	Seite 11	1	3
Seite 4	12	9	Seite 12	27	9
Seite 5	4	9	Seite 13	41	13
Seite 6	9	13	Seite 14	3	10
Seite 7	0	10	Seite 15	38	38
Seite 8	3	10	Seite 16	0	100

Samuel Zwingli im ELK-Verlag

Samuel Zwingli
1. Klasse, 60 Seiten

Fertig! Was jetzt?

Arbeitsblöcke für Kinder des ersten Schuljahres, die stets mit allem fertig sind. Begeistert lösen die Kinder diese attraktiv präsentierten Aufgaben. Kopiervorlagen zu 12 verschiedenen Themen mit je 16 Arbeiten.

Die zwölf Themen:
Buchstabenmix, Bildlegenden nummerieren, fünf Unterschiede, das schwarze Schaf, «Wer bin ich?», Sammelbegriffe, zu Text Bild malen, Kammrätsel, Suchrätsel, Satzende suchen, Zweizeiler (Reime suchen), Kurzgeschichten mit Zusatz.

Bestell-Nr. 441

Samuel Zwingli
1.–4. Klasse, 64 Seiten

Eine Welt voller Symmetrie

Bäume, Blumen, Tiere, Gesichter – die Natur ist scheinbar voller Symmetrien. Die Kinder sind fasziniert von Spiegelbildern. Bringen sie die Kinder zum Staunen, Erleben und selber Ausprobieren. Das Buch macht neugierig, motiviert und erleichtert Ihnen das Vorbereiten dieses Themas. Und Spass werden Sie und Ihre Schülerinnen und Schüler bestimmt haben - beim Entdecken der Welt der Symmetrien. Ideal für den fächerübergreifenden Unterricht.

Lernziele
- Symmetrien erkennen, bewusst machen, erproben, darstellen

Bestell-Nr. 448

Samuel Zwingli
ab 3. Schuljahr
56 Seiten

Köpfchen? Köpfchen!

Wo nehme ich Aufgaben und Aufträge her, welche begabte und interessierte Kinder angemessen fordern und fördern? «Köpfchen? Köpfchen!» bietet eine grosse Sammlung von Denksportaufgaben und Herausforderungen zur Schulung der Vorstellungskraft. Also genau das Richtige, vielen Kindern die Freude und Neugier zu erhalten.

Lernziele
- räumliche Vorstellung
- logisches Denken
- mit Zahlen spielen

Bestell-Nr. 451

Sämi Zwingli
2./3. Klasse, 48 Seiten

Tiergeschichten (Unterrichtseinheit)

Verschiedene Textarten können von den Kindern auf vielseitige Art und Weise selbsttätig bearbeitet werden. Die Texte (ver)führen die Kinder zu intensivem Lesen und regen zu fantasievollem Schreiben an. Mit Zeichen- und Bastelarbeiten üben die Kinder, Anweisungen exakt zu befolgen.

Lernziele
- Zugang zum selbstständigen Lesen
- Texte verfassen
- Arbeit am Sprachausdruck
- verstehendes Lesen üben
- Spachkreativität

Bestell-Nr. 291

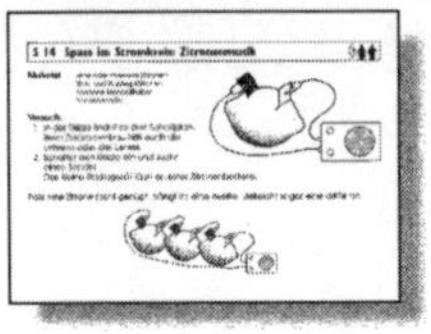

Willi Gamper / Samuel Zwingli
1.–4.Klasse, 64 Seiten

Elektrospass aus der Essiggurke

Es gibt kaum etwas Alltäglicheres als Technik – als elektronische Technik. Mit verblüffender Sicherheit bedienen unsere Kinder Musik- und Spielgeräte, Haushaltmaschinen, Automaten, Computer. Lassen Sie die Schülerinnen und Schüler doch hinter die Kulissen der Elektronik schauen.
Mit einfachsten Versuchen, mit verständlichen Erklärungen und passenden Arbeitsblättern experimentieren die ELKIDS mit den Geheimnissen der Elektrizität - und erst noch ganz gefahrlos.
Die Idee für fächerübergreifenden Unterricht oder für Ihre nächste Projektwoche.

Lernziele
- kennen lernen des Stromkreises
- Versuche selbstständig durchführen
- sprachliche Umsetzung

Bestell-Nr. 449

V. Altorfer / N. Haslebacher / W. Keller / B. Lange / S. Zwingli
2.–4. Klasse, 160 Seiten

z.B. Wasser

Kinder lieben es, mit dem Wasser zu spielen. Dieses Buch ist eine umfassende Materialsammlung mit 140 Kopiervorlagen, übersichtlich geordnet in 7 Kapiteln. Es ermöglicht die Begegnung mit dem Element Wasser von allen denkbaren Seiten.

Die 7 Kapitel
- Wasser – ich erforsche dich
- Wasser – du hast viele Bewohner
- Wasser – du bist mein Freund
- Was? Wasser – Wasserwörter
- Wasser – du gibst mir Rätsel auf
- Wasser – basteln und gestalten
- Wasser – ich höre dir zu

Bestell-Nr. 424